AF308310

Bilal SGUIRI
Faiq GMIRA
Salwa HABIBY

INTELIGÊNCIA ARTIFICIAL APLICADA E APRENDIZAGEM AUTOMÁTICA

Bilal SGUIRI
Faiq GMIRA
Salwa HABIBY

INTELIGÊNCIA ARTIFICIAL APLICADA E APRENDIZAGEM AUTOMÁTICA

PREVER E OTIMIZAR AS TAXAS DE CLIQUE NA PUBLICIDADE NA WEB #Implementação em Python

ScienciaScripts

Imprint

Any brand names and product names mentioned in this book are subject to trademark, brand or patent protection and are trademarks or registered trademarks of their respective holders. The use of brand names, product names, common names, trade names, product descriptions etc. even without a particular marking in this work is in no way to be construed to mean that such names may be regarded as unrestricted in respect of trademark and brand protection legislation and could thus be used by anyone.

Cover image: www.ingimage.com

This book is a translation from the original published under ISBN 978-620-7-47948-1.

Publisher:
Sciencia Scripts
is a trademark of
Dodo Books Indian Ocean Ltd. and OmniScriptum S.R.L publishing group

120 High Road, East Finchley, London, N2 9ED, United Kingdom
Str. Armeneasca 28/1, office 1, Chisinau MD-2012, Republic of Moldova, Europe
Printed at: see last page
ISBN: 978-620-8-19561-8

INTELIGÊNCIA ARTIFICIAL E APRENDIZAGEM AUTOMÁTICA APLICADAS AO MARKETING DIGITAL :

PREVISÃO E OPTIMIZAÇÃO

TAXAS DE CLIQUES EM PUBLICIDADE NA WEB

Implementação #Python

Realizado por :

- *Bilal SGUIRI*

- *Faiq GMIRA*

- *Salwa HABIBY*

RESUMO

Neste livro, começamos por explorar a inteligência artificial, que permite criar máquinas que funcionam e reagem como os seres humanos. Em segundo lugar, utilizamos a inteligência artificial e o seu subdomínio de aprendizagem automática para conseguir uma otimização geral do desempenho do marketing digital e, em particular, para melhorar o envolvimento dos clientes.

Com o objetivo de melhorar o envolvimento do cliente, concebemos e fornecemos experiências hiper-personalizadas para automatizar as tarefas complexas envolvidas na previsão do comportamento do consumidor. Para o efeito, a aprendizagem automática é utilizada para efetuar a segmentação granular dos clientes, a adaptação dinâmica dos conteúdos, recomendações precisas de produtos e análises preditivas para antecipar as necessidades dos clientes.

Para a recolha de dados, utilizamos chatbots assistidos por IA juntamente com análise de sentimentos em tempo real para melhorar o envolvimento do cliente no marketing. Isto é conseguido através da análise de dados, testes multivariados, modelação de atribuição e otimização preditiva.

No entanto, o livro discute objetivamente a importância de uma utilização ética e responsável para evitar os potenciais riscos associados à aprendizagem automática, como o efeito de câmara de eco e a teoria da Internet morta.

Este livro contém uma aplicação prática, que trata de um estudo de caso para a previsão de cliques em anúncios. Esta aplicação prática valida o valor acrescentado da aprendizagem automática para otimizar as estratégias de marketing.

Todas as abordagens propostas neste livro são programadas utilizando a linguagem Python e as suas bibliotecas de aprendizagem automática: Pandas, NumPy, Matplotlib e Scikit-learn.

Palavras-chave: Inteligência artificial; Aprendizagem automática; Regressão; Previsão, marketing digital; Python; Pandas; NumPy; Matplotlib; Scikit-learn.

ÍNDICE

INTRODUÇÃO GERAL 6

1 INTELIGÊNCIA ARTIFICIAL E APRENDIZAGEM AUTOMÁTICA 8

    1.1 Introdução..9

    1.2 Inteligência artificial...10

        1.2.1 As fundações..10

        1.2.2 Os conceitos...12

        1.2.3 Categorias e abordagens..14

        1.2.4 Os principais paradigmas...16

    1.3 Aprendizagem automática...18

        1.3.1 Uma definição..18

        1.3.2 A história...18

        1.3.3 As aplicações...21

        1.3.4 Tipos de aprendizagem automática......................................23

    1.4 Conclusão...33

2 MARKETING DIGITAL: HISTÓRIA, DEFINIÇÕES E TIPOLOGIA.....................................35

    2.1 Introdução..36

    2.2 Marketing digital..37

        2.2.1 Conceitos-chave..37

        2.2.2 Tipos...41

    2.3 Marketing digital, suas plataformas e canais...49

        2.3.1 Publicidade em linha..49

        2.3.2 Outros tipos de canais de marketing digital..........................55

        2.3.3 Ferramentas de marketing digital...57

    2.4 Conclusão...62

3 APRENDIZAGEM AUTOMÁTICA E SUA APLICAÇÃO AO MARKETING DIGITAL..............64

    3.1 Introdução..65

    3.2 Aprendizagem automática e sua aplicação ao marketing digital.................66

        3.2.1 Aprendizagem automática para melhorar o envolvimento dos clientes..66

        3.2.2 Aprendizagem automática para otimizar o desempenho de marketing..75

    3.3 Aprendizagem automática e marketing digital: perspectivas.....................80

        3.3.1 O potencial horizonte positivo do marketing digital...............80

        3.3.2 As potenciais armadilhas da aprendizagem automática no marketing digital 83

    3.4 Conclusão...86

4 APRENDIZAGEM AUTOMÁTICA: APLICAÇÃO À PREVISÃO DE CLIQUES EM ANÚNCIOS NA WEB..87

    4.1 Introdução..88

    4.2 Enquadrar o problema..89

        4.2.1 Alcance reduzido..89

4.2.2   Pouco empenhamento 89

4.2.3   Seleção ineficaz de alvos 90

4.3   A solução proposta 90

4.3.1   A escolha da regressão... 90

4.4   Montagem de ferramentas e preparação de dados 93

4.4.1   Montagem das ferramentas necessárias 93

4.4.2   Preparação dos dados - AVAZU 95

4.5   Construção e análise do modelo de aprendizagem automática........... 98

4.5.1   Construção do modelo 98

4.5.2   Análise dos resultados e deduções...103

4.6   Conclusão 104

CONCLUSÃO GERAL...107

BIBLIOGRAFIA..109

INTRODUÇÃO GERAL

Na era digital, o marketing digital tornou-se um pilar essencial da estratégia empresarial. No entanto, a rápida evolução das tecnologias e do comportamento dos consumidores coloca um desafio constante aos profissionais de marketing. Como captar a atenção de um público cada vez mais exigente? Como é que as mensagens podem ser personalizadas para chegar a cada indivíduo de uma forma relevante? Como otimizar as campanhas de marketing para maximizar o seu impacto e o retorno do investimento?

A inteligência artificial, e a aprendizagem automática em particular, oferecem uma solução promissora para estes desafios. Ao aproveitar o poder dos algoritmos e a análise de dados maciços. A aprendizagem automática oferece aos profissionais de marketing ferramentas sem precedentes para compreender, antecipar e influenciar o comportamento dos consumidores. Da segmentação ultra-precisa de clientes à automatização de tarefas repetitivas, passando pela personalização de ofertas e pela previsão de tendências, a aprendizagem automática está a revolucionar as práticas de marketing digital.

No entanto, a integração da aprendizagem automática no marketing digital levanta também algumas questões cruciais. Como é que se pode garantir a ética e a transparência destes algoritmos? Como evitar a parcialidade e a discriminação? Como podemos proteger a privacidade dos consumidores enquanto exploramos os seus dados?

Neste livro, vamos explorar as sinergias entre estes dois campos poderosos: o marketing digital e a aprendizagem automática, abrindo caminho para estratégias de marketing mais direcionadas, personalizadas e eficazes. Como um estudo de caso neste livro, começaremos por introduzir os fundamentos conceptuais, definindo os conceitos-chave e traçando a sua evolução histórica, desde os fundamentos teóricos do marketing em linha até aos avanços recentes, quer através do encerramento quer da profundidade.

Tendo estabelecido estas bases teóricas, iremos então explorar em profundidade os diferentes tipos de marketing digital e de aprendizagem automática, destacando as suas respectivas vantagens, desvantagens e aplicações. Com este conhecimento aprofundado, analisaremos as aplicações práticas da integração destes dois domínios, explorando a forma como os algoritmos de aprendizagem automática podem ser explorados para otimizar as campanhas de marketing digital.

Destacaremos os benefícios tangíveis desta sinergia, incluindo uma melhor compreensão do comportamento dos consumidores, uma comunicação mais relevante e a otimização das despesas de marketing. Centrar-nos-emos num caso de utilização crucial: a previsão de cliques em anúncios em linha, através da construção e treino de um modelo de aprendizagem automática utilizando ferramentas como Python, Pandas, NumPy, Matplotlib e Scikit-learn.

Por último, analisaremos em profundidade os resultados obtidos e as suas implicações práticas, destacando os potenciais benefícios da integração da aprendizagem automática nas estratégias de marketing digital para otimizar as campanhas publicitárias, maximizar as receitas e melhorar o desempenho global.

INTELIGÊNCIA ARTIFICIAL
E APRENDIZAGEM AUTOMÁTICA

CAPÍTULO I

►INTELIGÊNCIA ARTIFICIAL E APRENDIZAGEM AUTOMÁTICA

1.1 Introdução

Neste capítulo, vamos explorar os fundamentos essenciais da inteligência artificial e da aprendizagem automática, começando por uma definição aprofundada destes conceitos e uma panorâmica do seu desenvolvimento histórico. A inteligência artificial, que engloba uma variedade de domínios como a aprendizagem automática, o processamento de linguagem natural e a robótica, transformou a forma como as máquinas interagem com o mundo e resolvem problemas complexos.

Em seguida, analisaremos em pormenor os diferentes tipos de aprendizagem automática, centrando-nos na aprendizagem supervisionada, não supervisionada e por reforço. Analisaremos as suas caraterísticas distintivas, as suas vantagens e as suas aplicações específicas em vários contextos.

Depois de estabelecer estas bases conceptuais, analisaremos os algoritmos e técnicas essenciais da aprendizagem automática. Exploraremos uma série de abordagens, como a regressão, a classificação, o agrupamento e a redução da dimensionalidade, que permitem aos sistemas de IA analisar dados e tomar decisões. Examinaremos também os conceitos fundamentais das redes neuronais e da aprendizagem profunda, bem como o seu papel crucial nos recentes avanços da IA.

Este capítulo tem como objetivo proporcionar uma compreensão abrangente dos principais conceitos, paradigmas e técnicas da inteligência artificial e da aprendizagem automática, lançando as bases para uma exploração mais aprofundada da sua aplicação prática em várias áreas da ciência e da tecnologia.

Neste capítulo, vamos explorar os fundamentos essenciais da inteligência artificial e da aprendizagem automática, começando por uma definição aprofundada destes conceitos e uma panorâmica do seu desenvolvimento histórico. A inteligência artificial, que engloba uma variedade de domínios como a aprendizagem automática, o processamento de linguagem natural e a robótica, transformou a forma como as máquinas interagem com o mundo e resolvem problemas complexos.

Em seguida, analisaremos em pormenor os diferentes tipos de aprendizagem automática, centrando-nos na aprendizagem supervisionada, não supervisionada e por reforço. Analisaremos as suas caraterísticas distintivas, as suas vantagens e as suas aplicações específicas em vários contextos.

1.2 Inteligência artificial

1.2.1 As fundações

[1]A Inteligência Artificial (IA) é um campo vasto e em evolução da ciência informática que se centra na criação de agentes inteligentes, que são sistemas capazes de raciocinar, aprender e agir de forma autónoma. A investigação em IA tem feito progressos significativos no desenvolvimento de técnicas eficazes para resolver uma vasta gama de problemas, desde jogos estratégicos a diagnósticos médicos complexos. Na sua essência, a IA tem como objetivo reproduzir ou simular a inteligência humana nas máquinas, permitindo-lhes realizar tarefas que geralmente requerem capacidades cognitivas humanas. Estas tarefas incluem a compreensão e o processamento da linguagem natural, o reconhecimento de padrões complexos nos dados, a tomada de decisões informadas com base na informação disponível e até a demonstração de um certo grau de criatividade para gerar novas soluções ou expressões artísticas.

Os objectivos gerais da investigação em IA são ambiciosos e de grande alcance, indo além da simples automatização de tarefas. Abrangem a criação de sistemas capazes não só de executar tarefas específicas com competências ao nível humano, mas também de demonstrar uma compreensão mais profunda do mundo que os rodeia, das suas

---

[1] [1] David L. P., Alan K. M. (2023), "Artificial Intelligence: Foundations of Computational Agents", "1.1 what is artificial intelligence?", 3ª edição. https://artint.info/3e/html/ArtInt3e.Ch1.S1.html

Permitindo-nos raciocinar, aprender e adaptarmo-nos de uma forma que outrora foi considerada domínio exclusivo. da inteligência humana. Alguns dos principais objectivos da IA incluem:

1.2.1.1   Resolução de problemas

O objetivo da IA é desenvolver algoritmos e técnicas capazes de resolver eficazmente problemas complexos numa variedade de domínios. Isto inclui a otimização da logística e das cadeias de abastecimento, a conceção de novos medicamentos e materiais com as propriedades desejadas e até a resolução de desafios globais como as alterações climáticas e as epidemias. As capacidades de resolução de problemas da IA têm o potencial de revolucionar as indústrias e melhorar a nossa vida quotidiana, encontrando soluções inovadoras para problemas complexos que anteriormente não tinham solução.

1.2.1.2   Representação do conhecimento

Um dos objectivos centrais da IA é criar formas eficientes de representar o conhecimento e a informação num formato que as máquinas possam compreender e raciocinar. Isto implica o desenvolvimento de formalismos e estruturas para representar factos, relações, incertezas e até conceitos abstractos. Ao permitir que os sistemas de IA armazenem e manipulem o conhecimento de uma forma estruturada, os investigadores pretendem criar máquinas capazes de raciocinar logicamente, tirar conclusões e tomar decisões informadas com base nas informações de que dispõem.

1.2.1.3   Aprendizagem

A IA esforça-se por criar sistemas capazes de aprender com os dados e a experiência, melhorando continuamente o seu desempenho ao longo do tempo, sem necessidade de programação explícita. Os algoritmos de aprendizagem automática, a pedra angular da IA, são concebidos para identificar padrões, generalizar a partir de exemplos e adaptar-se a novas situações. Esta capacidade de aprender com os dados é crucial para tarefas como o reconhecimento de imagens, o processamento de linguagem natural e a tomada de decisões autónoma, em que as regras e os modelos podem ser demasiado complexos para serem explicitamente programados.

1.2.1.4   Perceção

A investigação em IA tem por objetivo dotar as máquinas da capacidade de perceber e interpretar os dados sensoriais do mundo que as rodeia. Isto inclui o desenvolvimento de sistemas de visão por computador capazes de analisar imagens e vídeos, reconhecer objectos, rostos e até emoções. Além disso, a IA está a ser utilizada para desenvolver sistemas de reconhecimento de voz capazes de transcrever a linguagem falada em texto, permitindo comandos de voz e interações com dispositivos. O objetivo é criar sistemas de IA capazes de perceber e compreender o mundo de forma semelhante aos humanos, permitindo-lhes interagir mais eficazmente com o seu ambiente.

1.2.1.5   Robótica

A IA desempenha um papel crucial no desenvolvimento de robôs inteligentes capazes de interagir com o mundo físico, executar tarefas de forma autónoma e colaborar com os seres humanos. Isto envolve a integração de algoritmos de IA com hardware robótico para criar sistemas capazes de navegar em ambientes complexos, manipular objectos com precisão e muito mais. e aprender novas competências através de tentativa e erro. Os robôs alimentados por IA têm potencial para revolucionar sectores como a indústria transformadora, os cuidados de saúde e a logística, bem como para ajudar os seres humanos em tarefas perigosas, repetitivas ou de alta precisão.

1.2.2   Os conceitos

[2]A base da inteligência artificial assenta em dois conceitos fundamentais: inteligência e cognição, e resolução de problemas e representação de conhecimentos. Estes conceitos estão intimamente relacionados e são essenciais

---

[2] [2] David L. P., Alan K. M. (2023), "Artificial Intelligence: Foundations of Computational Agents", "1.4 Prototypical Applications", 3ª edição. https://artint.info/3e/html/ArtInt3e.Ch1.S4.html

para compreender o modo como os sistemas de IA funcionam e atingem os seus objectivos.

1.2.2.1   Inteligência e cognição

A inteligência, no contexto da IA, refere-se à capacidade de um sistema para raciocinar, aprender e adaptar-se a novas situações. Engloba uma vasta gama de capacidades cognitivas, como a resolução de problemas, a tomada de decisões, a perceção, a compreensão da linguagem e até a criatividade. A investigação em IA tem por objetivo compreender os mecanismos subjacentes à inteligência e reproduzi-los nas máquinas, permitindo-lhes realizar tarefas que se pensava serem do domínio exclusivo dos seres humanos. Para tal, é necessário estudar a forma como os seres humanos pensam, aprendem e resolvem problemas e, em seguida, traduzir esta informação em algoritmos e modelos informáticos que possam ser implementados em sistemas de IA.

A cognição, por outro lado, refere-se aos processos mentais envolvidos na aquisição de conhecimentos e na compreensão, incluindo o pensamento, o raciocínio, a memorização e a resolução de problemas. A investigação da IA no domínio da cognição tem por objetivo desenvolver modelos e algoritmos capazes de simular estes processos mentais, permitindo às máquinas processar informação, fazer inferências e gerar novos conhecimentos. Isto implica explorar áreas como a representação do conhecimento, o raciocínio em condições de incerteza e arquitecturas cognitivas capazes de lidar com tarefas cognitivas complexas.

1.2.2.2   Resolução de problemas

A resolução de problemas é um aspeto fundamental da IA e implica encontrar soluções para problemas complexos utilizando uma abordagem sistemática. Os sistemas de IA utilizam várias técnicas, como os algoritmos de pesquisa, as heurísticas e o raciocínio lógico, para explorar o espaço de soluções possíveis e identificar a solução óptima. Os algoritmos de pesquisa exploram sistematicamente o espaço de soluções, avaliando diferentes opções e selecionando as mais promissoras com base em critérios predefinidos. As heurísticas são regras de ouro ou atalhos que podem orientar o processo de pesquisa, tornando-o mais eficiente. O raciocínio lógico permite aos sistemas de IA deduzir novas informações a partir de conhecimentos existentes, permitindo-lhes resolver problemas que exijam dedução e inferência lógicas.

1.2.2.3 Representação do conhecimento

A representação do conhecimento é outro conceito crucial na IA, pois diz respeito ao modo como a informação é armazenada e organizada num sistema de IA. Isto implica o desenvolvimento de formalismos para representar factos, relações e incertezas, permitindo aos sistemas de IA raciocinar sobre o mundo e tomar decisões informadas. As técnicas de representação do conhecimento incluem as redes semânticas, que representam o conhecimento como um grafo de conceitos interligados, e as ontologias, que definem as relações entre conceitos e as suas propriedades. Ao representar o conhecimento num formato estruturado e legível por máquina, os sistemas de IA podem aceder e manipular a informação, tirar conclusões e tomar decisões com base na sua base de conhecimentos.

1.2.3 Categorias e abordagens

1.2.3.1 Tipos de sistemas de inteligência artificial

1.2.3.1.1 Inteligência artificial restrita e inteligência artificial geral

[3]Os sistemas de inteligência artificial podem ser classificados em dois tipos principais: IA restrita e IA geral.

A IA estreita (ANI), também conhecida como IA fraca, refere-se a sistemas de IA concebidos e treinados para executar tarefas específicas. Estes sistemas destacam-se em áreas específicas, mas não têm a capacidade de generalizar os seus conhecimentos ou competências a outras áreas. Exemplos de IA estreita incluem software de reconhecimento de imagem, tradutores de línguas, filtros de spam e sistemas de recomendação. Embora a IA estreita tenha tido um êxito notável nos últimos anos, funciona dentro de limites predefinidos e não tem as vastas capacidades cognitivas dos seres humanos. Baseia-se em algoritmos e

---

[3] [3] Zoe L. (16 de novembro de 2022). "IA geral vs IA estreita" https://levity.ai/blog/general-ai-vs-narrow-ai

modelos especializados adaptados à tarefa específica em causa, o que a torna altamente eficiente e precisa dentro do seu âmbito limitado. No entanto, os sistemas de IA restritos não podem executar tarefas fora do seu domínio programado e requerem intervenção humana para se adaptarem a novas situações ou desafios.

A IA geral (AGI), também conhecida como IA forte, representa sistemas de IA hipotéticos com uma inteligência semelhante à humana, capazes de compreender, aprender e aplicar os seus conhecimentos numa vasta gama de tarefas. A AGI seria capaz de raciocinar, resolver problemas e tomar decisões em situações novas e complexas, tal como um ser humano. Teria capacidades cognitivas como o pensamento abstrato, a criatividade e a capacidade de transferir conhecimentos de um domínio para outro. No entanto, a realização da AGI continua a ser um grande desafio na investigação sobre IA e a sua concretização continua a ser objeto de debate e especulação permanentes. Alguns investigadores acreditam que a AGI é realizável num futuro próximo, enquanto outros argumentam que poderá demorar décadas ou mesmo séculos.

1.2.3.1.2 Inteligência artificial fraca versus inteligência artificial forte

[4] A distinção entre IA fraca e IA forte está intimamente relacionada com a categorização de IA estreita versus IA geral, mas centra-se nas implicações filosóficas das capacidades da IA.

A IA fraca refere-se à ideia de que os sistemas de IA podem simular a inteligência e realizar tarefas que parecem inteligentes, mas que carecem de verdadeira consciência ou compreensão. Esta perspetiva vê a IA como uma ferramenta para resolver problemas específicos e atingir objectivos práticos, sem necessariamente replicar todo o espetro das capacidades cognitivas humanas. Os sistemas de IA fracos são concebidos para imitar o comportamento inteligente, mas não têm a consciência subjacente ou a experiência subjectiva que os seres

---

[4] [4] Selmer B. (12 Jul 2018), "Inteligência Artificial", "8. Filosofia da Inteligência Artificial".
https://plato.stanford.edu/entries/artificial-intelligence/#StroVersWeakAI

humanos possuem. Funcionam com base em algoritmos e dados, seguindo regras e modelos pré-programados para obter resultados específicos.

A IA forte, por outro lado, postula que os sistemas de IA podem, em princípio, alcançar uma verdadeira inteligência e consciência, equivalente ou superior à dos seres humanos. Este ponto de vista sugere que a IA poderia potencialmente ter experiências subjectivas, emoções e consciência de si própria. Uma IA forte não se limitaria a simular a inteligência, mas possuiria uma verdadeira compreensão e a capacidade de viver o mundo de forma semelhante à dos seres humanos. No entanto, a IA forte continua a ser um conceito teórico e não há consenso entre investigadores e filósofos sobre se é exequível ou mesmo desejável. O desenvolvimento da IA forte levanta questões éticas e filosóficas sobre a natureza da consciência, os riscos potenciais das máquinas superinteligentes e as implicações para a humanidade.

1.2.4 Os principais paradigmas

1.2.4.1 Inteligência artificial simbólica

[5]A IA simbólica, também conhecida por Good Old-Fashioned AI (GOFAI), é um paradigma de IA que dominou as primeiras décadas da investigação em IA. Baseia-se na ideia de que o conhecimento pode ser representado através de símbolos e manipulado através de regras lógicas. Os sistemas de IA simbólica utilizam a lógica formal e o raciocínio simbólico para resolver problemas, tomar decisões e tirar conclusões. Esta abordagem tem sido bem sucedida no desenvolvimento de sistemas especializados, que são programas de IA que imitam a capacidade de tomada de decisões de peritos humanos em domínios específicos. Estes sistemas assentam numa base de conhecimentos de factos e regras, que são utilizados para deduzir novos conhecimentos e resolver problemas através da dedução lógica. A IA simbólica tem sido particularmente eficaz em domínios com regras bem definidas e conhecimentos estruturados, como o xadrez e o diagnóstico médico. No entanto, tem encontrado limitações

---

[5] [5] Data Camp (maio de 2023). "O que é a IA simbólica?". https://www.datacamp.com/blog/what-is-symbolic-ai

para lidar com a incerteza, o raciocínio de senso comum e a aprendizagem a partir de dados, o que levou ao aparecimento de outros paradigmas de IA.

1.2.4.2   Aprendizagem automática

[6]A aprendizagem automática (AM) é um subdomínio da IA que tem vindo a ganhar importância nos últimos anos devido à sua capacidade de aprender com os dados e melhorar o desempenho em tarefas sem ser explicitamente programada. Os algoritmos de aprendizagem automática podem analisar grandes conjuntos de dados, identificar padrões e fazer previsões ou tomar decisões com base nos padrões aprendidos. Esta abordagem tem sido muito bem sucedida numa variedade de aplicações, como o reconhecimento de imagens, o processamento de linguagem natural e os sistemas de recomendação. A aprendizagem automática será abordada com mais pormenor mais adiante.

A relação do ML com a IA em geral é a de uma ferramenta poderosa num quadro mais vasto. Enquanto a IA engloba uma vasta gama de técnicas e abordagens, o ML fornece uma metodologia baseada em dados para atingir os objectivos da IA. Os algoritmos de AM podem ser utilizados para desenvolver agentes inteligentes capazes de aprender e adaptar-se a novas situações, o que os torna ferramentas valiosas para resolver problemas complexos e atingir os ambiciosos objectivos da IA. Ao contrário da IA simbólica, que se baseia em regras explícitas e na representação do conhecimento, os algoritmos de aprendizagem automática aprendem com os dados através de um processo de tentativa e erro, ajustando os seus parâmetros internos para melhorar o seu desempenho ao longo do tempo. Esta abordagem baseada em dados provou ser altamente eficaz no tratamento de dados complexos e não estruturados, tornando o ML uma pedra angular da investigação e das aplicações modernas de IA.

---

[6] [6] Selmer B. (12 Jul 2018), "Artificial Intelligence", "4.1 Bloom in machine learning".
https://plato.stanford.edu/entries/artificial-intelligence/#BlooMachLear

1.3 Aprendizagem automática

1.3.1 Uma definição

[7]A aprendizagem automática é um subdomínio complexo da inteligência artificial que se centra no desenvolvimento de sistemas capazes de aprender e tomar decisões a partir de dados. Ao contrário da programação tradicional, em que as tarefas são executadas de acordo com instruções explícitas, a aprendizagem automática baseia-se em algoritmos capazes de reconhecer padrões, fazer previsões e melhorar o seu desempenho de forma autónoma à medida que são expostos a mais dados. Este processo envolve o treino de modelos em grandes conjuntos de dados, permitindo-lhes fazer previsões exactas ou tomar medidas inteligentes sem intervenção humana. A aprendizagem automática é a ciência que permite aos computadores atuar sem serem explicitamente programados. Essencialmente, os algoritmos de aprendizagem automática utilizam dados históricos como entrada para prever novos valores de saída. É um método que permite aos computadores analisar experiências passadas e tomar decisões com base nos dados, um processo semelhante à aprendizagem humana, mas numa escala muito maior e a uma velocidade muito maior.

1.3.2 A história

[8]A aprendizagem automática, componente essencial da inteligência artificial, é um domínio que se desenvolveu graças à convergência de várias disciplinas científicas. A sua história é marcada pela procura de equipar as máquinas com a capacidade de aprender e melhorar com a experiência. O termo "aprendizagem automática" foi cunhado pela primeira vez em 1959 por Arthur Samuel, que desenvolveu um programa de damas capaz de aprender com os seus jogos. Este facto marcou o início de uma disciplina que viria a abranger uma variedade de

---

[7] [3] Zoe L. (16 de novembro de 2022). "IA geral vs IA estreita" https://levity.ai/blog/general-ai-vs-narrow-ai

[8] [8] Nailman A. (24 de agosto de 2023), "The Evolution of Machine Learning: A Brief History and Timeline". https://machinelearningmodels.org/the-evolution-of-machine-learning-a-brief-history-and-timeline/

algoritmos e técnicas com o objetivo de permitir que os computadores realizassem tarefas que tradicionalmente exigiam a inteligência humana.

O desenvolvimento da aprendizagem automática tem sido pontuado por períodos de intenso otimismo, seguidos de retrocessos e esforços renovados. Desde os primórdios dos perceptrons e da inteligência artificial simbólica até aos recentes avanços na aprendizagem profunda, o campo tem vindo a alargar continuamente os limites do que as máquinas podem alcançar. Atualmente, a aprendizagem automática é um testemunho do engenho humano, transformando indústrias e moldando o futuro da tecnologia. Vamos agora analisar os principais pontos da história da aprendizagem automática:

1.3.2.1   Origens

A era da génese da aprendizagem automática, que abrange as décadas de 1950 e 1960, representa um capítulo seminal nos anais da informática. Foi um período caracterizado por ideias revolucionárias e pelas primeiras implementações práticas do que viria a ser um domínio transformador. Alan Turing, frequentemente aclamado como o pai da computação moderna, lançou as bases filosóficas com as suas ideias sobre a inteligência artificial e o potencial de aprendizagem das máquinas. A sua visão presciente preparou o caminho para o desenvolvimento do perceptron por Frank Rosenblatt em 1957, um modelo inicial de uma rede neuronal capaz de aprender e tomar decisões, personificando as aspirações nascentes da aprendizagem automática. Arthur Samuel reforçou ainda mais o legado desta era ao cunhar o termo "aprendizagem automática" em 1959 e ao demonstrar o seu potencial através do seu programa de damas, que melhorava o seu desempenho à medida que jogava mais jogos. Esta era não foi apenas uma era de inovação tecnológica; foi também uma era de crença ousada de que as máquinas poderiam um dia emular as capacidades de aprendizagem da mente humana.

1.3.2.2   O nascimento

Após um período de desilusão devido às limitações dos primeiros sistemas de inteligência artificial, os anos 80 marcaram um renascimento da aprendizagem automática, caracterizado por grandes avanços teóricos e práticos. A década assistiu ao aperfeiçoamento do backpropagation, um algoritmo que revolucionou as redes neuronais. Esta técnica, que consiste em ajustar os pesos das ligações dentro da rede em função da taxa de erro das saídas, permitiu que as redes neuronais aprendessem com os seus erros e melhorassem ao longo do tempo. O trabalho de Rumelhart, Hinton e Williams em 1986 foi particularmente influente, demonstrando claramente o potencial da retropropagação e reavivando o interesse pelas redes neuronais. Esta era preparou o caminho para o desenvolvimento de arquitecturas mais complexas e para a revolução da aprendizagem profunda que se seguiu.

1.3.2.3   A ascensão das máquinas de vectores de suporte

A década de 1990 marcou uma era crucial na evolução da aprendizagem automática, caracterizada pelo aparecimento das máquinas de vectores de suporte. Desenvolvidos no laboratório Bell da AT&T por Vladimir Vapnik e seus colegas, estes sistemas representaram um salto significativo na capacidade de classificação de dados neste domínio. Estes algoritmos são excelentes para encontrar o hiperplano ótimo que separa diferentes classes num espaço de elevada dimensão, o que é crucial para tarefas como o reconhecimento de imagens e a categorização de textos. Os fundamentos teóricos, enraizados na teoria de Vapnik-Chervonenkis, forneceram um quadro sólido para compreender as capacidades de generalização das máquinas de aprendizagem. Este período não se limitou à inovação algorítmica; foi uma altura em que a aprendizagem automática começou a amadurecer como disciplina, com uma apreciação crescente da importância da teoria na orientação das aplicações práticas.

1.3.2.4   A era dos grandes dados

O início do século XXI inaugurou a era do Big Data, um período transformador para a aprendizagem automática caracterizado por uma explosão de dados sem precedentes. Esta era foi marcada pela digitalização de grandes quantidades de informação e pela ascensão da Internet, que, em conjunto, geraram um dilúvio de dados prontos a serem analisados. Os algoritmos de aprendizagem automática, cuja sofisticação tinha vindo a aumentar gradualmente, encontraram um novo campo de jogos neste ambiente rico em dados. A disponibilidade de grandes conjuntos de dados permitiu o treino de modelos mais complexos, conduzindo a melhorias significativas na precisão da previsão e na capacidade de tomada de decisões. Foi durante este período que a aprendizagem automática começou realmente a florescer, uma vez que a sinergia entre o aumento da capacidade de computação e os grandes volumes de dados proporcionou um terreno fértil para os avanços neste domínio. A era dos grandes volumes de dados não só impulsionou a aprendizagem automática para novos patamares, como também lançou as bases para os saltos subsequentes na IA, como a aprendizagem profunda e a aprendizagem por reforço.

1.3.3   As aplicações

No entanto, à medida que a aprendizagem automática foi evoluindo, foi surgindo uma multiplicidade de aplicações, como a análise preditiva, em que os algoritmos prevêem acontecimentos futuros com base em dados históricos. No sector da saúde, os modelos de aprendizagem automática identificam padrões e ajudam no diagnóstico e no desenvolvimento de planos de tratamento personalizados. O sector financeiro utiliza-o para a gestão de riscos e para a negociação algorítmica. No retalho, a aprendizagem automática está a personalizar as experiências dos clientes através de sistemas de recomendação. Desempenha também um papel fundamental nos veículos autónomos, permitindo-lhes interpretar dados sensoriais e tomar decisões. Além disso, os algoritmos de aprendizagem automática são parte integrante do desenvolvimento do processamento de linguagem natural, que alimenta os assistentes virtuais e traduz línguas com uma precisão notável. Eis algumas das aplicações actuais da aprendizagem automática:

1.3.3.1   Reconhecimento de imagens

A aprendizagem automática revolucionou o reconhecimento de imagens, permitindo aos computadores identificar e categorizar conteúdos visuais com uma precisão notável. Treinando em enormes conjuntos de dados, os algoritmos conseguem discernir padrões complexos nos pixéis, distinguindo entre rostos, objectos e até emoções. Esta tecnologia está na base de uma série de aplicações, desde sistemas de segurança com reconhecimento facial a diagnósticos médicos que podem detetar anomalias em exames de imagem.

1.3.3.2 Processamento de linguagem natural

O Processamento de Linguagem Natural permite que as máquinas compreendam e interajam com a linguagem humana, transformando texto em bruto e discurso em dados significativos. Engloba tarefas como a tradução, a análise de sentimentos e a comunicação com chatbots. Com a aprendizagem automática, os sistemas podem aprender as subtilezas da linguagem, incluindo expressões idiomáticas e coloquialismos, tornando as interações mais naturais e intuitivas.

1.3.3.3 Deteção de fraudes

No sector financeiro, a aprendizagem automática é uma ferramenta poderosa para identificar actividades fraudulentas. Os algoritmos analisam os padrões das transacções para detetar anomalias que possam indicar fraude. Esta abordagem proactiva ajuda as instituições a minimizar o risco e a proteger os seus clientes de ameaças financeiras.

1.3.3.4 Aplicações no domínio da saúde

A aprendizagem automática nos cuidados de saúde está a abrir caminho à medicina personalizada e a uma maior precisão nos diagnósticos. Os algoritmos podem prever os resultados dos doentes, ajudar no planeamento do tratamento e até ajudar na descoberta de medicamentos através da análise de registos médicos e de dados genéticos.

1.3.3.5 Veículos autónomos

A integração da aprendizagem automática nos veículos autónomos é essencial para uma navegação segura. Os algoritmos processam dados sensoriais para tomar decisões em tempo real, permitindo que os veículos respondam às condições dinâmicas da estrada e melhorem a segurança de todos os utentes da estrada.

1.3.3.6   Sistemas de recomendação

A aprendizagem automática potencia os sistemas de recomendação que selecionam conteúdos personalizados para os utilizadores. Ao analisar o comportamento e as preferências dos utilizadores, estes sistemas sugerem produtos, filmes ou artigos, melhorando a experiência do utilizador e o seu envolvimento nas plataformas.

1.3.4   Tipos de aprendizagem automática[9]

1.3.4.1   Aprendizagem supervisionada

A aprendizagem supervisionada é uma atividade intelectual no âmbito da inteligência artificial. Distingue-se pela utilização de conjuntos de dados rotulados para treinar algoritmos que classificam dados ou prevêem resultados com precisão. Imagine um estudante diligente, o algoritmo, a aprender com um livro cheio de exercícios resolvidos; os dados rotulados fornecem as respostas corretas. À medida que o aluno se depara com novos problemas, aplica os padrões aprendidos para encontrar soluções, aperfeiçoando a sua compreensão ao longo do tempo. Este processo reflecte a essência da aprendizagem supervisionada, em que o algoritmo ajusta iterativamente os seus parâmetros através de um método conhecido como validação cruzada, procurando um modelo que se ajuste perfeitamente. A aprendizagem supervisionada divide-se em dois tipos:

1.3.4.1.1   Regressão

A regressão na aprendizagem automática é uma técnica estatística que modela e analisa as relações entre variáveis dependentes e independentes. É utilizada para prever o valor de uma variável de resultado através de

em função de uma ou mais variáveis de previsão. O objetivo é encontrar a linha ou curva de melhor ajuste que minimize a diferença entre os valores previstos e os valores reais. Este método é fundamental em cenários de previsão, como a

---

[9] 9] Anushka J. (29 de novembro de 2023), "Types Of Machine Learning" [Tipos de aprendizagem automática]. https://www.geeksforgeeks.org/types-of-machine-learning/

previsão de preços de imóveis ou tendências do mercado bolsista, em que o resultado é uma quantidade contínua.

Existem vários algoritmos utilizados para a regressão na aprendizagem automática, incluindo :

✓ **Regressão linear** , que é um método estatístico utilizado para modelar a relação entre uma variável dependente e uma ou mais variáveis independentes. O modelo pressupõe que a relação entre as variáveis é linear, o que é expresso pela equação :

$$y = \beta_0 + \beta_1 x$$

Em que (y) é a variável dependente, (x) é a variável independente, (beta_0) é a interceção de y e (beta_1) é o declive da reta. Este método é amplamente utilizado em vários domínios científicos para a modelação preditiva e a análise de dados. É particularmente útil quando o objetivo é compreender o impacto de uma variável sobre outra e fazer previsões com base nessa relação.

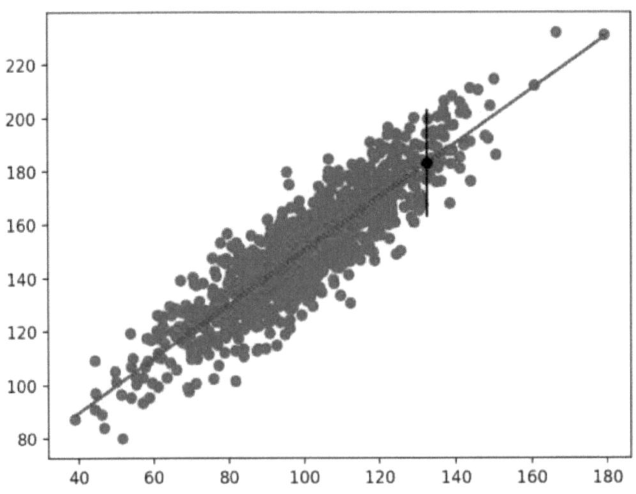

Figura 1Diagrama de uma função linear

1.3.4.1.2   Classificação

A classificação na aprendizagem automática é uma técnica de aprendizagem supervisionada em que um algoritmo é treinado para categorizar novos pontos de dados em classes predefinidas. Trata-se de um processo de discernimento, semelhante ao de um professor que classifica trabalhos, em que cada dado, tal como o trabalho de um aluno, é avaliado e rotulado de acordo com

caraterísticas aprendidas. Este método é essencial em aplicações que vão desde a filtragem de correio eletrónico até ao diagnóstico médico, em que a capacidade de atribuir com precisão categorias aos dados pode conduzir a percepções e acções significativas. A classificação também tem à sua disposição uma série de algoritmos, sendo um dos mais conhecidos o :

- ✓ **Regressão logística** , que é um modelo estatístico de aprendizagem automática supervisionada que prevê a probabilidade de um resultado binário. É utilizado quando a variável dependente é categórica e pode ter dois resultados possíveis, como "sim" ou "não", "sucesso" ou "fracasso". A função logística, também conhecida como função sigmoide, mapeia qualquer número real num valor entre 0 e 1, que pode ser interpretado como uma probabilidade. O modelo é definido pela função logística :

$$\sigma(x) = \frac{1}{1 + e^{-x_1}}$$

Em que (x) é a combinação linear das variáveis independentes. Os coeficientes do modelo são estimados utilizando a estimativa de máxima verosimilhança, que procura encontrar os valores dos parâmetros que tornam os resultados observados mais prováveis.

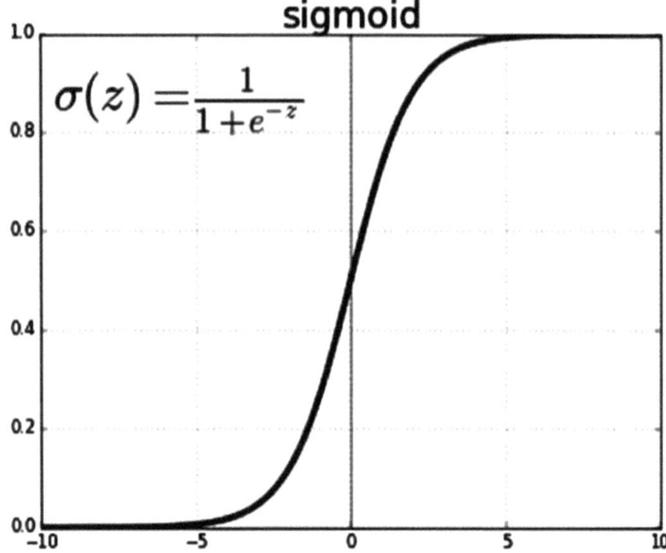

Figura 2Diagrama de uma função sigmoide

No entanto, existem muitos modelos de aprendizagem automática que podem ser utilizados tanto para a regressão como para a classificação, incluindo :

✓ **Árvores de decisão :** As árvores de decisão na aprendizagem automática incorporam o processo de tomada de decisão através de um modelo de árvore de escolhas. Cada nó interno representa uma "decisão" baseada num atributo, cada ramo indica o resultado desta decisão e cada nó folha significa a previsão ou classificação final. Matematicamente, a pureza de um nó, que influencia a decisão em cada ramo, é frequentemente calculada utilizando métricas como a impureza de Gini ou a entropia. Por exemplo, a impureza de Gini é dada por :

$$IG(p) = 1 - \sum p_i^2$$

em que (p_i) é a probabilidade de um elemento pertencer à classe (i) num conjunto (J).

✓ **Florestas aleatórias :** As florestas aleatórias na aprendizagem automática são um método de aprendizagem em conjunto que funciona através da construção de uma multiplicidade de árvores de decisão durante a formação e da produção da classe que é a moda das classes (classificação) ou a previsão média (regressão) das árvores individuais. Matematicamente, uma floresta aleatória foi concebida para atenuar a grande variância de uma única árvore de decisão. ᵉᵐᵉSe (T_b(x)) é a previsão da árvore (b), então a previsão da floresta aleatória (y) para uma entrada (x) é dada por:

$$y = \frac{1}{B} \sum T_b(x)$$

Onde (B) é o número de árvores. A ligação entre as florestas aleatórias e as árvores de decisão é fundamental; as florestas aleatórias baseiam-se na simplicidade das árvores de decisão, criando uma "floresta" das mesmas, o que melhora a robustez e a precisão.

1.3.4.2   Aprendizagem não supervisionada

A aprendizagem não supervisionada é um subconjunto de algoritmos de aprendizagem automática que funcionam com dados sem direção e sem rótulos. O seu objetivo é modelar a estrutura subjacente ou a distribuição nos dados, a fim de aprender mais sobre os mesmos. É utilizada para problemas de agrupamento e associação em que a tarefa consiste em descobrir agrupamentos inerentes nos dados, identificar representações, correlações ou padrões entre caraterísticas sem a influência de uma variável de resultado. Esta forma de aprendizagem é essencial para a análise exploratória de dados, a identificação de padrões ocultos ou a aprendizagem de caraterísticas. Existem duas grandes categorias de utilização da aprendizagem não supervisionada:

O agrupamento na aprendizagem automática é uma técnica de aprendizagem não supervisionada que agrupa um conjunto de objectos de modo a que os objectos do mesmo grupo, designado por agrupamento, sejam mais semelhantes entre si do que aos objectos de outros grupos. É um método que não se baseia em rótulos ou resultados predefinidos, mas que procura descobrir a estrutura intrínseca dos dados. Os algoritmos de agrupamento avaliam as caraterísticas dos dados para identificar agrupamentos naturais, utilizando frequentemente medidas de semelhança ou distância, como a distância euclidiana ou a semelhança cosseno, para determinar a proximidade dos pontos de dados. Esta técnica é essencial numa variedade de domínios, incluindo a segmentação de mercados, a análise de redes sociais e a análise de dados biológicos, onde ajuda a descobrir padrões e a organizar a informação. Existem vários algoritmos de agrupamento, sendo um dos mais populares o :

1.3.4.2.1 Agrupamento K-means

O agrupamento K-means é um algoritmo de aprendizagem não supervisionado que divide um conjunto de dados em K subconjuntos distintos e não sobrepostos, ou clusters.

O objetivo é minimizar a variância dentro de cada agrupamento. O processo começa por selecionar K centróides iniciais, um para cada cluster. O algoritmo atribui então cada ponto de dados ao centróide mais próximo e recalcula os centróides como a média de todos os pontos do agrupamento. Este processo iterativo continua até que os centróides estabilizem e os clusters sejam tão homogéneos quanto possível dentro de si próprios e tão distintos quanto possível uns dos outros.

1.3.4.2.2 Redução da dimensionalidade

A redução da dimensionalidade é um processo de transformação que simplifica a complexidade dos dados de elevada dimensão. Trata-se de uma condensação estratégica, em que os algoritmos simplificam vastos conjuntos de caraterísticas, transformando-os numa essência manejável, mais ou menos como um cartógrafo especializado que destila um mapa do mundo num guia conciso da cidade. Esta técnica, essencial para combater o "flagelo da dimensionalidade", melhora o desempenho do modelo ao filtrar o ruído e a redundância, concentrando-se assim nos atributos mais informativos. É implementada por métodos como o :

✓ **Análise de componentes principais :** é um procedimento estatístico na aprendizagem automática que transforma um conjunto de dados complexo com muitas variáveis numa estrutura simplificada. Para tal, identifica novos eixos, denominados componentes principais, que são ortogonais entre si e captam a variação máxima dos dados. A essência da ACP é reduzir a dimensionalidade, mantendo o máximo de informação possível. Matematicamente, se tivermos um conjunto de dados com variáveis :

(X_1, X_2, ..., X_n), a PCA procura encontrar um conjunto de (p) componentes principais (Y_1, Y_2, ..., Y_p) em que (p < n), tal que :

$$Y_i = a_1 X_1 + a_2 X_2 + \cdots + a_n X_n$$

1.3.4.3   Outros tipos

Depois de termos analisado os domínios da aprendizagem supervisionada e não supervisionada, passamos agora a explorar outros tipos de modelos de aprendizagem automática. Estes modelos alargam os horizontes da nossa compreensão e aplicação da inteligência artificial, oferecendo novas perspectivas e metodologias para a resolução de problemas complexos, começando pela aprendizagem por reforço:

1.3.4.3.1   Aprendizagem por reforço[10]

A aprendizagem por reforço é um paradigma da aprendizagem automática em que um agente aprende a tomar decisões através da interação com um ambiente. Ao contrário da aprendizagem profunda, que se baseia em grandes conjuntos de dados e redes neuronais para reconhecer padrões, a aprendizagem por reforço funciona através de um sistema de recompensas e penalizações. Trata-se de um processo dinâmico em que o agente aprende comportamentos óptimos por tentativa e erro, com o objetivo de maximizar uma recompensa cumulativa ao longo do tempo. Esta abordagem é particularmente eficaz em tarefas de tomada de decisão sequenciais e em ambientes complexos em que a ação correta a tomar

[10] 10] Robert J. (31 Jul 2023), "Reinforcement learning: definition and application" [Aprendizagem por reforço: definição e aplicação]. https://datascientest.com/reinforcement-learning

não é imediatamente óbvia. A aprendizagem por reforço utiliza vários conceitos, tais como :

> **Programação dinâmica:** é um quadro metodológico que simplifica os processos complexos de tomada de decisão, dividindo-os em subproblemas mais simples e mais fáceis de gerir. Trata-se de uma forma de otimização matemática que utiliza o conceito de equação de Bellman para encontrar políticas óptimas. A programação dinâmica é particularmente eficaz em cenários em que os problemas têm subproblemas que se sobrepõem e uma subestrutura óptima, o que a torna uma ferramenta poderosa para a resolução de processos de decisão de Markov. Como subcategoria da aprendizagem por reforço, a programação dinâmica fornece a base teórica para algoritmos que aprendem a tomar sequências de decisões que maximizam a recompensa cumulativa. É a abordagem estruturada e recursiva da programação dinâmica que informa e melhora o domínio da aprendizagem por reforço, proporcionando uma forma sistemática de abordar e resolver problemas de decisão sequenciais.

> **O método de Monte Carlo:** é um algoritmo de cálculo que utiliza uma amostragem aleatória repetida para aproximar resultados numéricos. É uma técnica que aproveita o poder do acaso para resolver problemas que, em princípio, podem parecer determinísticos. No contexto da aprendizagem por reforço, os métodos de Monte Carlo são utilizados para estimar as funções de valor com base na experiência, sem exigir um modelo da dinâmica do ambiente. Esta abordagem é particularmente útil para problemas em que o ambiente é desconhecido ou demasiado complexo para ser modelado explicitamente.

1.3.4.3.2 Aprendizagem profunda

[11]A aprendizagem profunda é um ramo sofisticado da aprendizagem automática que utiliza redes neuronais multicamadas para imitar as complexas capacidades de processamento do cérebro humano. É um salto quântico para além da

---

[11] [11] Ngaleu A. K. (4 Jul 2022), "Deep Learning: Definição, conceitos e exemplos".
https://datascientest.com/reinforcement-learning

aprendizagem automática tradicional, explorando a profundidade das redes neuronais para discernir padrões e tomar decisões a partir de grandes quantidades de dados. O termo "profundo" na aprendizagem profunda refere-se ao número de camadas através das quais os dados são transformados. Quanto maior for o número de camadas, mais complexas podem ser as representações e abstracções dos dados, o que torna a aprendizagem profunda particularmente adequada para tarefas como o reconhecimento de imagens e de voz. A correlação entre a aprendizagem profunda e as redes neuronais é intrínseca, uma vez que estas últimas formam a arquitetura que os algoritmos de aprendizagem profunda utilizam para aprender e tomar decisões inteligentes. As redes neuronais, por outro lado, são arquitecturas computacionais inspiradas nas redes neuronais biológicas do cérebro humano. Estas redes são constituídas por camadas de nós interligados, ou neurónios, que processam os dados de entrada através de uma série de transformações e ligações. Cada neurónio aplica um conjunto de pesos às suas entradas, que são depois ajustados durante o processo de aprendizagem para otimizar o desempenho da rede. A operação fundamental de uma rede neuronal envolve a soma das entradas ponderadas e a aplicação de uma função de ativação não linear, facilitando o reconhecimento de padrões complexos e as tarefas de tomada de decisões.

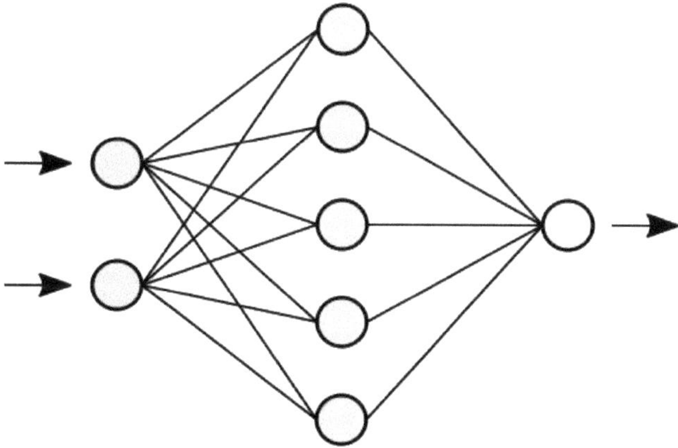

Figura 3Diagrama básico de uma rede neural

[12]Há muitos conceitos matemáticos envolvidos na construção de uma rede neural, tais como :

➢ **Nós e camadas, pesos e enviesamentos :** Na arquitetura das redes neuronais, os nós e as camadas constituem a base estrutural. Os nós, semelhantes aos neurónios do cérebro humano, são as unidades básicas de computação que processam e transmitem informações. Estão organizados em camadas: entrada, oculta e saída. Os nós em cada camada recebem a entrada, efectuam cálculos e transmitem a saída para a camada seguinte. A matemática subjacente a este processo envolve a transformação dos dados de entrada através de uma série de operações definidas pela estrutura da rede.

Os pesos são os parâmetros que determinam a força da ligação entre os nós. Multiplicam os dados de entrada, permitindo que a rede aprenda padrões complexos, ajustando esses pesos durante o processo de aprendizagem. A representação matemática dessa operação para um único nó pode ser expressa como uma soma ponderada de suas entradas:

$$\text{sortie} = \sum(\text{entrée} \times \text{poids})$$

Os enviesamentos são parâmetros adicionais que deslocam a função de ativação, garantindo que, mesmo quando todas as entradas são zero, o neurónio pode continuar a ser ativado se o enviesamento for definido corretamente. O bias permite que o modelo se adapte melhor aos dados, proporcionando a flexibilidade necessária para previsões precisas. A equação para a saída de um nó, incluindo a polarização, é :

$$\text{sortie} = \sum(\text{entrée} \times \text{poids}) + \text{biais}$$

➢ **Funções de perda:** Nas redes neuronais, as funções de perda são as bússolas matemáticas que orientam o processo de aprendizagem. Quantificam a

[12] [12] Google, (31 Jul 2023), "Neural Networks: Structure". https://developers.google.com/machine-learning/crash-course/introduction-to-neural-networks/anatomy

diferença entre os resultados previstos pela rede e os valores-alvo reais. A essência de uma função de perda é fornecer uma medida de erro que a rede tem por objetivo minimizar durante o treino.

➢ **Funções de ativação:** Nas redes neuronais, as funções de ativação são os guardiões matemáticos que determinam a saída de um neurónio. Elas são cruciais para introduzir a não-linearidade na rede, permitindo que ela aprenda e modele relações complexas. A função recebe a soma ponderada das entradas e da polarização como argumento e transforma-a numa saída, que é depois passada para a camada seguinte. Esta transformação é essencial porque permite que a rede efectue operações para além das operações lineares simples, tornando possíveis tarefas como o reconhecimento de imagem e de voz. As funções de ativação mais comuns incluem a sigmoide (a mesma função utilizada na regressão logística discutida anteriormente), que esmaga os valores entre 0 e 1, e a ReLU, que apenas deixa passar valores positivos.

1.4 Conclusão

Em conclusão, este capítulo forneceu uma panorâmica abrangente dos conceitos, paradigmas e técnicas fundamentais da inteligência artificial e da aprendizagem automática, lançando as bases essenciais para a compreensão destes domínios em constante evolução.

Começámos por explorar a definição e a história da inteligência artificial e da aprendizagem automática, traçando a sua evolução desde os primórdios da IA simbólica até à era atual das redes neuronais profundas. Esta perspetiva histórica deu-nos uma melhor compreensão dos fundamentos em que assentam as modernas tecnologias de IA.

Em seguida, analisámos em profundidade os diferentes tipos de aprendizagem automática, centrando-nos na aprendizagem supervisionada, não supervisionada e por reforço. Esta análise destacou a diversidade de abordagens disponíveis para os investigadores e profissionais de IA, cada uma com os seus próprios pontos fortes e aplicações específicas.

Por último, a nossa exploração de algoritmos e técnicas de aprendizagem automática realçou a importância crucial da matemática e da estatística neste domínio. Dos métodos de regressão e classificação às técnicas de agrupamento e redução da dimensionalidade, redes neuronais e aprendizagem profunda, vimos como estas ferramentas permitem aos sistemas de IA analisar dados complexos e tomar decisões inteligentes.

Em última análise, este capítulo realçou a natureza multifacetada e dinâmica da inteligência artificial e da aprendizagem automática. Sublinhou a importância de os profissionais e investigadores dominarem não só os conceitos fundamentais, mas também os algoritmos e técnicas em constante evolução que moldam estes domínios. Se adoptarmos este conhecimento e nos mantivermos na vanguarda da inovação, poderemos aproveitar verdadeiramente o poder da IA para resolver problemas complexos e transformar vários aspectos da nossa sociedade e economia.

MARKETING DIGITAL:
HISTÓRIA, DEFINIÇÕES E TIPOLOGIA

CAPÍTULO II :

▶ MARKETING DIGITAL: HISTÓRIA, DEFINIÇÕES E TIPOLOGIA

2.1 Introdução

Neste capítulo, vamos explorar os fundamentos essenciais do marketing digital, começando por uma definição aprofundada do conceito e uma visão geral do seu desenvolvimento histórico. O marketing digital, que engloba uma variedade de estratégias como o inbound marketing, a otimização dos motores de busca, o marketing por correio eletrónico e a publicidade online, transformou a forma como as empresas interagem com o seu público-alvo na era digital.

Em seguida, analisaremos em pormenor os diferentes tipos de marketing digital, centrando-nos nas abordagens inbound e outbound. Analisaremos as suas caraterísticas distintivas, as suas vantagens e desvantagens e as suas aplicações específicas em vários contextos empresariais.

Depois de estabelecer estas bases conceptuais, analisaremos as ferramentas, plataformas e canais essenciais do marketing digital. Exploraremos uma série de ferramentas de análise de dados e de gestão de redes sociais, como o Google Analytics e o Hootsuite, que permitem aos profissionais de marketing medir e otimizar os seus esforços. Também analisaremos as plataformas de publicidade online, como o Google Ads e as principais redes sociais, bem como as ferramentas de marketing por correio eletrónico e de criação de conteúdos, que são cruciais para uma estratégia de marketing digital eficaz.

Este capítulo tem como objetivo fornecer uma compreensão abrangente dos principais conceitos, estratégias e ferramentas do marketing digital, lançando as bases para uma exploração mais aprofundada da sua aplicação prática no panorama empresarial moderno.

2.2   Marketing digital

2.2.1   Os conceitos-chave

2.2.1.1   Uma definição

[13]O marketing digital é a arte e a ciência de interagir com um público global no espaço digital. Trata-se de criar histórias e experiências convincentes que ressoam a um nível pessoal, utilizando a vasta rede interligada da Internet. Esta abordagem inovadora do marketing aproveita as tecnologias digitais para alcançar e envolver os consumidores de uma forma mais direcionada e interactiva do que nunca. No centro do marketing digital está a ligação com as pessoas onde estas passam uma parte significativa do seu tempo: em linha. Esta presença online omnipresente oferece às marcas uma oportunidade sem precedentes de interagir com o seu público-alvo de forma contínua e personalizada.

É uma disciplina que combina criatividade e estratégias baseadas em dados para compreender e responder às necessidades dos consumidores, promovendo interações significativas que criam confiança e comunidade. Esta abordagem bidirecional permite às marcas não só comunicar a sua mensagem, mas também ouvir e responder ao feedback dos consumidores em tempo real, criando um diálogo dinâmico e evolutivo. O marketing digital é um domínio composto, segmentado em várias estratégias, como a otimização dos motores de busca (SEO), o marketing de conteúdos, o marketing nas redes sociais, o marketing por correio eletrónico, o marketing móvel, etc. Cada uma destas estratégias desempenha um papel crucial no ecossistema digital global, oferecendo formas únicas de alcançar e envolver os consumidores em diferentes fases do seu percurso de compra.

Cada estratégia serve um objetivo específico no ecossistema do marketing digital, visando otimizar a presença online de uma marca, interagir com o público-alvo e gerar conversões. Por exemplo, a SEO ajuda a aumentar a visibilidade de uma

---

[13] [13] Novak J. (16 de fevereiro de 2024), "What is digital marketing? Types, Strategies, & Best Practices". https://www.forbes.com/advisor/business/what-is-digital-marketing/

marca nos resultados da pesquisa orgânica, enquanto o marketing de conteúdos tem por objetivo atrair e reter a atenção dos consumidores com informações valiosas e relevantes. O marketing nas redes sociais explora a natureza viral e interactiva das plataformas sociais para criar envolvimento e reconhecimento da marca, enquanto o marketing por correio eletrónico oferece uma comunicação direta e personalizada com os consumidores. Estas estratégias estão interligadas, formando um quadro coerente que apoia o mercado digital global de uma marca, criando uma experiência de utilizador perfeita e integrada em vários pontos de contacto digitais.

2.2.1.2   A história

O marketing digital iniciou o seu percurso nos anos 80, uma década que assistiu à convergência das capacidades de armazenamento de dados e das ambições de marketing. Este período marcou um ponto de viragem crucial na evolução do marketing, afastando-se dos métodos tradicionais para uma abordagem mais orientada para os dados e para a tecnologia. Com a proliferação dos computadores pessoais, os profissionais de marketing adquiriram a capacidade de armazenar e analisar sistematicamente as informações dos clientes, dando origem ao marketing de bases de dados. Esta inovação permitiu às empresas recolher, organizar e explorar grandes quantidades de dados sobre os consumidores, abrindo caminho a estratégias de marketing mais direcionadas e personalizadas.

Foi o precursor do marketing digital que conhecemos atualmente, permitindo estratégias de marketing mais personalizadas e direcionadas, capazes de se adaptarem ao comportamento e às preferências dos consumidores. Esta capacidade de segmentar audiências e adaptar mensagens a caraterísticas específicas dos consumidores lançou as bases para uma abordagem de marketing mais eficaz e centrada no cliente. Os anos 80 lançaram as bases para a revolução do marketing digital, abrindo caminho para a rápida evolução das técnicas de marketing em linha nas décadas seguintes. Este período assistiu ao aparecimento de conceitos fundamentais, como a gestão das relações com os clientes (CRM) e a segmentação do mercado baseada em dados, que se tornaram os pilares do marketing digital moderno.

Apesar dos desenvolvimentos seminais da década de 1980, o termo "marketing digital" foi realmente cunhado na década de 1990. Esta década foi marcada pelo advento da plataforma Web 1.0, que permitia aos utilizadores encontrar informação, mas ainda não interagir diretamente com ela. Esta primeira iteração da World Wide Web lançou as bases para a revolução digital que se seguiria, oferecendo às empresas uma nova plataforma para apresentar os seus produtos e serviços a um público global. A década de 1990 assistiu à comercialização da Internet e, com ela, ao aparecimento do primeiro banner clicável, anunciando o início do espaço publicitário digital tal como o conhecemos. Esta inovação marcou um ponto de viragem na história do marketing, introduzindo o conceito de publicidade interactiva que podia ser medida em tempo real.

[14]Esta faixa clicável foi publicada pela AT&T , um gigante das telecomunicações, em 27 de outubro de 1994. É apresentado na figura abaixo:

Figura 4O primeiro banner publicitário clicável na Internet

Este banner publicitário, embora simples para os padrões actuais, marcou o início de uma nova era no marketing digital. Introduziu o conceito de publicidade interactiva na Internet, permitindo aos utilizadores clicar diretamente num anúncio para obter mais informações ou fazer uma compra. Esta inovação abriu caminho a novas formas de medição e envolvimento da publicidade, lançando as bases do complexo ecossistema de publicidade digital atual.

No entanto, o marketing digital arrancou realmente na década de 2000 com o rebentar da bolha da Internet, que foi um período de intensa especulação e investimento em negócios baseados na Internet. Esta era, apesar do seu final tumultuoso, desempenhou um papel crucial na evolução do marketing digital. O

---

[14][14] Chantrel F. (28 de outubro de 2019), "o primeiro banner publicitário celebra o seu 25.º aniversário", https://www.blogdumoderateur.com/premiere-banniere-pub/

rebentamento da bolha levou a uma reavaliação dos modelos de negócio online e a uma maior concentração em estratégias de marketing mensuráveis e rentáveis. Este período assistiu ao aparecimento de novas tecnologias e plataformas que redefiniram a forma como as empresas interagiam com os seus clientes em linha.

Esta era, apesar do seu final tumultuoso, abriu caminho para o rápido desenvolvimento do marketing digital, à medida que as empresas começaram a reconhecer o potencial da Internet como plataforma de marketing. As lições aprendidas com o rebentar da bolha conduziram a uma abordagem mais estratégica e analítica do marketing digital, com uma maior incidência no retorno do investimento (ROI) e na mensurabilidade das campanhas. O aparecimento de plataformas de redes sociais catalisou ainda mais este crescimento, oferecendo às marcas novas formas de envolver os consumidores e personalizar os seus esforços de marketing. Plataformas como o Facebook, o LinkedIn e o Twitter transformaram a forma como as marcas comunicam com os seus públicos, permitindo interações mais diretas e pessoais em grande escala.

Mais tarde, o panorama do marketing digital consolidou-se ainda mais com o aparecimento dos telemóveis. Este salto tecnológico colocou o marketing digital nas mãos dos consumidores, tornando o marketing móvel a norma. O advento dos smartphones, em particular, revolucionou a forma como os consumidores acediam à informação e interagiam com as marcas. Esta evolução obrigou a que as estratégias de marketing digital fossem rapidamente adaptadas para responder às necessidades de um público constantemente ligado e em movimento.

A omnipresença dos smartphones transformou a forma como as marcas interagem com os consumidores, realçando a necessidade de conteúdos optimizados para telemóveis e de estratégias de publicidade adaptadas a um estilo de vida ativo. Esta transformação levou ao aparecimento de novas formas de marketing digital, como o marketing baseado na localização, as aplicações móveis de marca e a publicidade na aplicação. Os profissionais de marketing tiveram de repensar as suas abordagens para criar experiências coerentes e sem descontinuidades em todos os dispositivos, reconhecendo que os consumidores passam agora sem esforço do computador para o telemóvel ao longo do seu percurso de compra.

2.2.2   Tipos[15]

2.2.2.1   Marketing digital de entrada

O inbound marketing é uma metodologia de marketing contemporânea que se centra na atração de clientes através de conteúdos e interações relevantes e úteis. Esta abordagem representa uma mudança de paradigma em relação aos métodos de marketing tradicionais, centrando-se na criação de valor para os consumidores em vez de interromper a sua experiência. É diferente do outbound marketing, que envolve o contacto com potenciais clientes independentemente do seu interesse ou disponibilidade. O inbound marketing reconhece que os consumidores modernos estão mais informados e cépticos em relação às mensagens de marketing tradicionais, pelo que procura construir relações baseadas na confiança e no valor acrescentado.

As estratégias de inbound marketing centram-se na criação de conteúdos de qualidade que correspondam aos interesses e necessidades de um público-alvo, atraindo-os para as ofertas de uma empresa. Esta abordagem implica uma compreensão profunda do percurso do cliente, dos pontos fracos e das necessidades de informação em cada fase desse percurso. Ao fornecer conteúdos relevantes e úteis, as empresas podem posicionar-se como recursos valiosos e líderes de opinião no seu domínio, atraindo naturalmente potenciais clientes qualificados para os seus produtos ou serviços. Existem vários tipos de inbound marketing:

2.2.2.1.1   Marketing de otimização de motores de busca

O marketing SEO, ou otimização para motores de busca, é um processo estratégico que visa melhorar a visibilidade e a classificação de um sítio Web ou de uma página Web nos resultados de pesquisa orgânica dos motores de busca.

---

[15] [15] Chris A. (25 de fevereiro de 2024), "12 Types Of Digital Marketing [And How They Work]", https://www.reliablesoft.net/types-of-digital-marketing/

Esta disciplina complexa combina elementos técnicos, criativos e analíticos para melhorar a relevância e a autoridade de um sítio aos olhos dos motores de busca. Envolve uma variedade de técnicas, como a otimização de palavras-chave, a criação de conteúdos de elevada qualidade, a construção de ligações e a garantia de que o sítio Web é compatível com dispositivos móveis e tem tempos de carregamento rápidos.

A otimização de palavras-chave envolve a pesquisa e a integração estratégica de termos relevantes que o público-alvo utiliza para procurar informações relacionadas com a empresa ou o sector. A criação de conteúdo de alta qualidade vai além da simples inclusão de palavras-chave; envolve a produção de conteúdo informativo, envolvente e útil que responda às necessidades e perguntas dos utilizadores. A criação de ligações envolve a obtenção de ligações de entrada de sítios Web relevantes e de elevada qualidade, o que reforça a autoridade do sítio aos olhos dos motores de busca.

O objetivo é alinhar o conteúdo do sítio Web com a intenção dos potenciais visitantes, tornando mais provável que o sítio seja encontrado pelos utilizadores que procuram informações ou serviços relacionados. Ao melhorar a visibilidade nos resultados da pesquisa orgânica, a SEO pode levar a um aumento do tráfego qualificado para o sítio Web, a um melhor reconhecimento da marca e, em última análise, a um aumento das conversões e das vendas.

2.2.2.1.2   Marketing por correio eletrónico

O marketing por correio eletrónico é uma abordagem diferenciada que envolve o contacto com potenciais clientes através de comunicações por correio eletrónico para as quais estes deram o seu consentimento. Esta estratégia baseia-se na criação e manutenção de uma lista de subscritores empenhados que optaram expressamente por receber comunicações da marca. É uma estratégia baseada na permissão que respeita a escolha e o interesse do utilizador na marca, o que a distingue do spam ou das comunicações não solicitadas.

Ao enviar conteúdos relevantes e valiosos a indivíduos que optaram explicitamente por recebê-los, as empresas podem alimentar estes potenciais clientes, guiando-os através do percurso do comprador com mensagens personalizadas. Esta abordagem permite uma comunicação direta e personalizada com o público-alvo, proporcionando oportunidades de segmentação e personalização com base nos comportamentos, preferências e interações anteriores dos assinantes.

O marketing por correio eletrónico pode assumir muitas formas, tais como boletins informativos regulares, campanhas promocionais, sequências de correio eletrónico automatizadas para a integração de clientes ou correio eletrónico transacional ligado a compras ou interações específicas. O marketing por correio eletrónico eficaz assenta na criação de conteúdos valiosos, na segmentação exacta da lista de subscritores, na calendarização adequada dos envios e na otimização contínua com base na análise de métricas de desempenho, tais como taxas de abertura, taxas de cliques e taxas de conversão.

2.2.2.1.3   Marketing de influência

O marketing de influência é uma estratégia que envolve trabalhar com pessoas que têm uma forte presença nas redes sociais para promover produtos, serviços ou campanhas. Esta abordagem capitaliza a confiança e a credibilidade que estes influenciadores estabeleceram com o seu público, oferecendo às marcas uma forma de alcançar e envolver o público-alvo de uma forma mais autêntica e relacional.

Estes influenciadores têm o poder de influenciar as decisões de compra de outros devido à sua autoridade, conhecimento, posição ou relação com o seu público. Podem variar em termos de dimensão da audiência, desde micro-influenciadores com seguidores mais pequenos mas altamente empenhados, a macro-influenciadores e celebridades com milhões de subscritores. Cada tipo de influenciador pode oferecer benefícios únicos, dependendo dos objectivos da campanha e do público-alvo.

As marcas estabelecem parcerias com influenciadores para aproveitar a confiança dos seus seguidores e alargar o seu alcance em mercados-alvo específicos. Esta colaboração pode assumir várias formas, como publicações patrocinadas, demonstrações de produtos, concursos ou mesmo colaborações a longo prazo em que o influenciador se torna embaixador da marca. A eficácia do marketing de influenciadores reside na autenticidade da colaboração, no alinhamento entre o influenciador, a marca e o público, e na criação de conteúdos envolventes e relevantes que ressoem com o público-alvo.

2.2.2.1.4 Marketing de blogues

O marketing de blogues é um aspeto do marketing de conteúdos que utiliza blogues como meio de comunicar e interagir com um público-alvo. Esta abordagem dinâmica permite às empresas, indivíduos ou entidades criar e manter uma presença online duradoura e cativante. Trata-se de uma abordagem dinâmica em que as empresas, indivíduos ou entidades criam e mantêm um blogue para publicar conteúdos relevantes para o seu sector ou áreas de interesse.

Este conteúdo pode variar entre artigos informativos, peças de liderança de pensamento e actualizações de produtos ou serviços. Os blogues oferecem uma plataforma flexível para partilhar informações aprofundadas, análises do sector, conselhos práticos e histórias de marcas. Podem abranger uma vasta gama de formatos, incluindo texto, imagens, infografias e até vídeos incorporados, permitindo uma abordagem multimédia à narrativa da marca.

O objetivo é atrair leitores que possam tornar-se clientes, estabelecendo o blogue como uma fonte credível de informação e um centro de envolvimento da comunidade. Ao fornecer regularmente conteúdos valiosos, as empresas podem posicionar o seu blogue como um recurso de referência na sua área, atraindo tráfego orgânico através dos motores de busca e construindo um público fiel. O marketing de blogues também desempenha um papel crucial na melhoria da SEO de um sítio Web, fornecendo conteúdos novos e relevantes que os motores de busca valorizam.

Além disso, os blogues oferecem uma oportunidade de envolvimento direto com o público através de comentários e partilhas nas redes sociais, ajudando a criar uma comunidade em torno da marca. Servem também como plataforma para estabelecer a autoridade e os conhecimentos especializados de uma marca no seu domínio, criando confiança e credibilidade junto de potenciais clientes.

Em suma, estes elementos representam a essência do inbound marketing, que tem as suas próprias vantagens e desvantagens. Entre as vantagens, o inbound marketing é reconhecido pela sua relação custo-eficácia, exigindo frequentemente menos investimento financeiro do que os métodos de marketing tradicionais. Esta abordagem centra-se na criação de conteúdos de valor e na otimização dos canais digitais existentes, em vez da compra de espaços publicitários dispendiosos ou da implementação de campanhas publicitárias em grande escala.

Também é excelente na geração de contactos de alta qualidade que têm maior probabilidade de se converterem em clientes devido à natureza direcionada do conteúdo. Ao atrair potenciais clientes que procuram ativamente informações ou soluções no domínio da empresa, o inbound marketing tende a gerar clientes potenciais mais qualificados e empenhados. Estes potenciais clientes estão frequentemente mais avançados no seu percurso de compra e, por conseguinte, têm mais probabilidades de se converterem.

Além disso, o inbound marketing promove relações de longo prazo com os clientes, fornecendo informações contínuas e valiosas e interagindo com eles numa variedade de plataformas. Esta abordagem centrada no cliente ajuda a criar confiança e lealdade, transformando os clientes em embaixadores da marca. Ao fornecer valor de forma consistente através de conteúdos informativos e interações significativas, as empresas podem cultivar uma base de clientes fiéis, mais propensos a fazer compras repetidas e a recomendar a marca a outras pessoas.

2.2.2.2   Marketing de saída

O marketing de saída é uma abordagem proactiva em que as empresas tomam a iniciativa de contactar potenciais clientes através de uma variedade de canais. Esta forma tradicional de marketing envolve "empurrar" mensagens de marketing para um vasto público, independentemente do seu interesse ou recetividade inicial. Esta forma de marketing caracteriza-se pela sua natureza direta e, por vezes, intrusiva, uma vez que procura transmitir mensagens a um vasto público, muitas vezes sem uma orientação precisa.

O marketing de saída inclui vários tipos, tais como :

2.2.2.2.1 Anúncios gráficos

Os anúncios gráficos são uma forma de publicidade digital que transmite visualmente uma mensagem comercial utilizando texto, logótipos, animações, vídeos, fotografias ou outros gráficos. Estes anúncios são omnipresentes na Internet, aparecendo em vários sítios Web, aplicações móveis e plataformas de redes sociais. São concebidos para atrair a atenção dos utilizadores e incentivá-los a clicar para saber mais sobre o produto ou serviço anunciado.

Os anunciantes de display visam frequentemente utilizadores com caraterísticas específicas para aumentar a eficácia dos seus anúncios. Esta segmentação pode basear-se em factores demográficos, geográficos, comportamentais ou contextuais. Por exemplo, um anúncio pode ser apresentado a utilizadores de uma determinada faixa etária, que vivam numa área geográfica específica ou que tenham pesquisado recentemente produtos semelhantes.

Estes anúncios são colocados estrategicamente em vários sítios Web e plataformas para captar a atenção de potenciais clientes e incentivá-los a interagir com a marca, seja para efetuar uma compra, para saber mais sobre um produto ou simplesmente para se lembrarem da marca para referência futura. As localizações podem incluir banners no topo das páginas Web, inserções no conteúdo, anúncios na barra lateral ou mesmo anúncios de ecrã inteiro (intersticiais).

Os anúncios gráficos são conhecidos pela sua capacidade de melhorar a visibilidade da marca e podem ser adaptados ao contexto do sítio ou aos interesses do espetador, o que os torna uma ferramenta versátil no arsenal de um profissional de marketing. Podem ser utilizadas para uma variedade de objectivos de marketing, tais como aumentar a notoriedade da marca, gerar oportunidades ou promover produtos específicos. Além disso, as tecnologias de redireccionamento permitem aos anunciantes mostrar anúncios a utilizadores que já interagiram com o seu sítio Web, aumentando as hipóteses de conversão.

2.2.2.2.2   Envio de spam por correio eletrónico

O spamming de correio eletrónico, vulgarmente conhecido como spam, é a prática de enviar mensagens não solicitadas, normalmente de natureza comercial, em massa para um conjunto indistinto de destinatários. Esta forma de publicidade é frequentemente considerada intrusiva e indesejada, entupindo as caixas de entrada com mensagens que os destinatários não solicitaram e que geralmente não lhes interessam.

O spam pode assumir muitas formas, desde ofertas promocionais não solicitadas a burlas e tentativas de phishing. Os autores de spam utilizam frequentemente técnicas automatizadas para recolher endereços de correio eletrónico e enviar mensagens em massa, o que torna a prática pouco dispendiosa mas potencialmente muito perturbadora para os destinatários.

O próprio termo 'spam' tornou-se sinónimo de comunicação eletrónica não desejada, reflectindo a frustração generalizada com esta tática de marketing invasiva. A origem do termo "spam" neste contexto remonta a um sketch dos Monty Python, em que a palavra "spam" era repetida de forma excessiva e irritante, reflectindo a natureza repetitiva e irritante das mensagens de correio eletrónico não solicitadas.

Apesar da sua má reputação, o spam por correio eletrónico persiste devido ao seu baixo custo e à facilidade com que os anunciantes podem atingir uma vasta audiência. No entanto, é importante notar que esta prática é ilegal em muitos países e vai contra as melhores práticas de marketing digital.

2.2.2.2.3   Publicidade nas redes sociais

A publicidade paga nas redes sociais é uma estratégia de marketing digital que envolve a distribuição de conteúdo patrocinado em plataformas de redes sociais para atingir um público mais vasto. Esta forma de publicidade permite que as empresas segmentem com precisão o seu público com base numa série de critérios demográficos, comportamentais e de interesse, oferecendo um nível de personalização e precisão que não tem paralelo nas formas tradicionais de publicidade.

Estes anúncios podem assumir uma variedade de formas, como imagens, vídeos, carrosséis e muito mais, cada um concebido para envolver os utilizadores e levá-los a agir. Os formatos variam consoante a plataforma, mas podem incluir anúncios do Feed de notícias, histórias patrocinadas, anúncios em vídeo ou até formatos mais interactivos, como sondagens ou jogos.

2.2.2.2.4 Marketing publicitário nos motores de busca

O marketing publicitário nos motores de busca, também conhecido como "pay-per-click" ou "search engine marketing", é um modelo de marketing na Internet em que os anunciantes pagam uma taxa cada vez que um dos seus anúncios é clicado. Essencialmente, é uma forma de comprar visitas a sítios, em vez de tentar obter essas visitas organicamente.

Permite aos anunciantes licitar a colocação de anúncios nas hiperligações patrocinadas de um motor de busca quando alguém efectua uma pesquisa sobre uma palavra-chave relacionada com a sua oferta comercial. Estes anúncios aparecem geralmente na parte superior dos resultados da pesquisa, acima dos resultados orgânicos ou na coluna lateral.

O PPC oferece várias vantagens importantes:

✓ Segmentação precisa: os anunciantes podem segmentar os utilizadores com base nas suas consultas de pesquisa específicas, indicando uma clara intenção e interesse num determinado produto ou serviço.

✓ Controlo do orçamento: os anunciantes podem definir um orçamento diário ou mensal e só pagam quando um utilizador clica no seu anúncio.

✓ Mensurabilidade: as campanhas PPC oferecem dados de desempenho detalhados, permitindo aos anunciantes otimizar continuamente as suas campanhas.

✓ Rapidez: Ao contrário da SEO, que pode demorar algum tempo a produzir resultados, o PPC pode gerar tráfego imediatamente após o lançamento de uma campanha.

2.3 Marketing digital, suas plataformas e canais[16]

2.3.1 Publicidade em linha

A publicidade em linha engloba uma vasta gama de formatos publicitários, incluindo anúncios em banner, anúncios em vídeo, anúncios em redes sociais e anúncios em motores de busca. Esta forma de marketing digital revolucionou a forma como as empresas atingem e envolvem os seus públicos-alvo, oferecendo oportunidades sem precedentes de segmentação, personalização e medição.

Estes anúncios podem ser direcionados com base em dados demográficos, interesses, comportamentos e outros critérios, permitindo às empresas atingir o seu público-alvo de forma precisa e eficaz. A segmentação pode basear-se em factores como a idade, o sexo, a localização geográfica, os interesses declarados, o comportamento de navegação, o histórico de compras e muito mais. Esta capacidade de segmentação granular permite aos anunciantes criar mensagens altamente relevantes para segmentos de público específicos, aumentando a eficácia das suas campanhas.

A publicidade em linha oferece opções robustas de medição e acompanhamento, permitindo aos profissionais de marketing avaliar o desempenho das suas campanhas e otimizar os seus gastos com publicidade. Os anunciantes podem seguir métricas como impressões, cliques, taxas de conversão, retorno do investimento (ROI) e muitos outros indicadores de desempenho. Esta riqueza de dados permite a otimização contínua das campanhas, permitindo aos anunciantes ajustar as suas estratégias em tempo real para maximizar a eficácia dos seus investimentos em publicidade.

2.3.1.1 Anúncios do Google

Esta plataforma de publicidade permite às empresas criar anúncios que são apresentados nos resultados de pesquisa do Google, bem como noutros Web sites parceiros da Rede de Display do Google. O Google Ads é uma das plataformas de

---

[16] [16] Ryan D., Russ H. (31 de julho de 2023), "Digital Marketing For Dummies", 2.ª edição, página 263.

publicidade online mais poderosas e mais utilizadas, oferecendo um alcance incomparável e opções de segmentação sofisticadas.

Os anunciantes podem escolher entre diferentes formatos de anúncios, tais como anúncios de texto, anúncios reactivos, anúncios ilustrados e anúncios em vídeo. Cada formato tem as suas próprias vantagens e pode ser utilizado para atingir diferentes objectivos de marketing. Por exemplo, os anúncios de texto são eficazes para captar a intenção de pesquisa, enquanto os anúncios em vídeo podem ser mais atractivos para o conhecimento da marca.

O Google Ads também oferece opções avançadas de segmentação, incluindo segmentação por palavras-chave, segmentação demográfica, segmentação baseada em interesses e redireccionamento. A segmentação por palavras-chave permite que os anunciantes mostrem os seus anúncios aos utilizadores que pesquisam termos específicos relacionados com a sua empresa. A segmentação demográfica e baseada em interesses permite atingir públicos específicos com base nas suas caraterísticas e comportamento em linha. O redireccionamento permite aos anunciantes mostrar anúncios a utilizadores que já interagiram com o seu sítio Web ou aplicação, aumentando as hipóteses de conversão.

2.3.1.2   Anúncios do Bing

À semelhança do Google Ads, o Bing Ads permite às empresas apresentar anúncios no motor de busca Bing e noutros sites parceiros da Microsoft Audience Network. Embora o Bing tenha uma quota de mercado mais pequena do que o Google, pode ser um canal de publicidade rentável para algumas empresas, em particular para as que visam dados demográficos específicos com maior probabilidade de utilizar o Bing.

O Bing Ads oferece uma série de vantagens únicas:

✓ Custo potencialmente mais baixo: devido à menor concorrência do que no Google Ads, os custos por clique (CPC) podem ser mais baixos no Bing Ads.

✓ Diferentes dados demográficos: O Bing tende a atrair um público ligeiramente mais velho e mais abastado, o que pode ser vantajoso para algumas empresas.

✓ Integração com o LinkedIn: o Bing Ads permite a segmentação com base nos perfis profissionais do LinkedIn, o que pode ser particularmente útil para o marketing B2B.

✓ Menos saturação: com menos anunciantes na plataforma, pode ser mais fácil destacar-se no Bing Ads.

2.3.1.3   Publicidade nativa

A publicidade nativa é um formato de publicidade que se integra perfeitamente no conteúdo circundante, proporcionando uma experiência de publicidade menos intrusiva para os utilizadores. Estes anúncios são concebidos para se parecerem e comportarem como o conteúdo editorial natural da plataforma em que aparecem, o que pode aumentar o envolvimento e reduzir a "cegueira de banner" frequentemente associada aos formatos de publicidade tradicionais.

A publicidade nativa pode aparecer sob a forma de artigos patrocinados, publicações recomendadas ou conteúdos integrados nos feeds de notícias dos utilizadores. São particularmente eficazes em plataformas de redes sociais e sítios de editores, onde se podem integrar naturalmente no fluxo de conteúdos que os utilizadores consomem.

Vantagens da publicidade nativa :

✓ Melhor envolvimento: Os anúncios nativos tendem a ter taxas de envolvimento mais elevadas do que os anúncios tradicionais.

✓ Menos intrusivas: Oferecem uma melhor experiência ao utilizador, não perturbando o fluxo de conteúdos.

✓ Contornar a cegueira dos banners: É mais provável que os utilizadores prestem atenção aos anúncios nativos do que aos banners tradicionais.

✓ Valor acrescentado: quando bem executados, os anúncios nativos podem fornecer conteúdos que são verdadeiramente úteis ou interessantes para o utilizador.

2.3.1.4   Publicidade em vídeo

A publicidade em vídeo está a tornar-se cada vez mais popular, uma vez que permite às empresas contar histórias mais cativantes e apresentar os seus produtos ou serviços de uma forma mais dinâmica. O vídeo oferece uma oportunidade única de combinar elementos visuais e auditivos para criar um impacto emocional mais forte e transmitir mensagens complexas de forma mais eficaz.

- As plataformas de vídeo, como o YouTube e as redes sociais, oferecem várias opções de publicidade em vídeo, incluindo anúncios InStream, anúncios bumper e anúncios TrueView.

- Anúncios InStream: estes anúncios aparecem antes, durante ou depois do conteúdo principal do vídeo. Podem ser ignoráveis (permitindo que os utilizadores os ignorem após alguns segundos) ou não ignoráveis.

- Anúncios de para-choques: são anúncios de vídeo curtos, de 6 segundos, que não podem ser ignorados, ideais para transmitir uma mensagem breve e memorável.

- Anúncios TrueView: Estes anúncios permitem que os espectadores escolham quais os anúncios que querem ver e quando. São frequentemente utilizados para conteúdos mais longos e interessantes.

As plataformas de redes sociais como o Facebook, o Instagram, o Twitter, o LinkedIn, o Pinterest, o TikTok e o YouTube tornaram-se canais de marketing digital indispensáveis. Oferecem às empresas uma forma poderosa de interagir com o seu público-alvo, partilhar conteúdos, criar comunidades e promover os seus produtos ou serviços. As redes sociais permitem uma comunicação bidirecional, em que as empresas podem não só transmitir mensagens, mas também ouvir e responder aos comentários e preocupações dos seus clientes.

2.3.1.5   Facebook

Com a sua vasta base de utilizadores, o Facebook oferece às empresas a oportunidade de visar públicos específicos com base nos seus dados demográficos, interesses e comportamento. A plataforma possui uma quantidade impressionante de dados sobre os seus utilizadores, permitindo uma segmentação extremamente precisa.

As empresas podem criar páginas profissionais, publicar actualizações, partilhar fotografias e vídeos e interagir com os seus fãs. Estas páginas funcionam como uma montra virtual para as marcas, permitindo-lhes criar uma comunidade empenhada em torno do seu produto ou serviço.

Os anúncios do Facebook permitem uma segmentação precisa e oferecem uma variedade de opções de formato, incluindo imagens, vídeos, carrosséis e anúncios de coleção. Os formatos de anúncios do Facebook estão em constante evolução, oferecendo formas novas e criativas de alcançar e envolver o seu público-alvo.

2.3.1.6 Instagram

Esta plataforma visual é ideal para as marcas que pretendem apresentar os seus produtos ou serviços de uma forma esteticamente agradável. O Instagram é particularmente eficaz para sectores em que o aspeto visual é fundamental, como a moda, a beleza, as viagens, a alimentação e o design.

As empresas podem partilhar fotografias e vídeos de alta qualidade, utilizar as histórias para partilhar conteúdos efémeros e interagir com os seus seguidores através de comentários e mensagens diretas. As histórias do Instagram oferecem uma oportunidade única de partilhar conteúdo mais espontâneo e autêntico, reforçando a ligação com o público.

Os anúncios do Instagram podem ser perfeitamente integrados no Feed de notícias dos utilizadores, proporcionando uma experiência de publicidade não intrusiva. Os formatos incluem anúncios de fotografia, vídeo, carrossel e histórias, permitindo uma grande flexibilidade criativa.

2.3.1.7 Twitter

O Twitter é uma plataforma de microblogging que permite às empresas partilhar actualizações rápidas, notícias do sector e interagir com o seu público em tempo real. A natureza em tempo real do Twitter torna-o uma ferramenta poderosa para o marketing de notícias e eventos.

As hashtags desempenham um papel importante no Twitter, permitindo que as empresas participem em conversas relevantes e alcancem um público mais vasto. As marcas podem criar os seus próprios hashtags para campanhas específicas ou participar em conversas existentes para aumentar a sua visibilidade.

Os anúncios do Twitter podem ser direcionados com base nos interesses, palavras-chave e comportamentos dos utilizadores. Os formatos de anúncios incluem tweets promovidos, contas promovidas e tendências promovidas, oferecendo uma variedade de opções para alcançar e envolver o público-alvo.

2.3.1.8   LinkedIn

Esta plataforma profissional é ideal para o marketing B2B, permitindo que as empresas se liguem a outros profissionais, partilhem conteúdos relevantes para a indústria e promovam os seus produtos ou serviços junto de um público profissional. O LinkedIn oferece um ambiente único onde os utilizadores estão num estado de espírito profissional, o que pode ser particularmente benéfico para determinados tipos de negócios.

Os grupos do LinkedIn proporcionam um espaço para discussão e criação de redes, permitindo que as empresas se estabeleçam como líderes de opinião no seu domínio. Estes grupos podem ser utilizados para partilhar conhecimentos, responder a perguntas e estabelecer relações com potenciais clientes em potencial.

Os anúncios do LinkedIn permitem uma segmentação precisa com base no sector, na posição e noutros critérios profissionais. As opções de publicidade incluem anúncios patrocinados, mensagens InMail patrocinadas e anúncios de texto, oferecendo uma variedade de formas de alcançar o seu público-alvo profissional.

2.3.1.9   Pinterest

Esta plataforma visual tem tudo a ver com descoberta e inspiração, o que a torna uma ferramenta poderosa para marcas que vendem produtos ou serviços de estilo de vida, moda, design de interiores, alimentação, etc. O Pinterest é particularmente eficaz para chegar aos utilizadores no início da sua jornada de compra, quando estes procuram inspiração e ideias.

As empresas podem criar quadros de afixação para mostrar os seus produtos, partilhar ideias e inspirar os utilizadores. Estes quadros podem ser organizados por tema, coleção ou estação, proporcionando uma montra visual atraente para os produtos ou serviços da marca.

Os anúncios do Pinterest podem ser direcionados com base nos interesses, palavras-chave e comportamentos dos utilizadores. Os formatos de anúncio incluem pins promovidos, pins em carrossel e pins de coleção, permitindo que as marcas apresentem os seus produtos de formas criativas e envolventes.

2.3.1.10   TikTok

Esta plataforma de vídeos curtos tornou-se incrivelmente popular entre a geração mais jovem. O TikTok oferece uma oportunidade única para as marcas mostrarem um lado mais leve e criativo, envolvendo-se com o seu público de uma forma divertida e autêntica.

As empresas podem criar vídeos criativos e cativantes para promover os seus produtos ou serviços, participar em desafios virais e colaborar com influenciadores do TikTok. A natureza viral do conteúdo no TikTok pode permitir que as marcas alcancem um grande público muito rapidamente, se o seu conteúdo for do agrado dos utilizadores.

Os anúncios do TikTok podem ser integrados de forma nativa no Feed de Notícias dos utilizadores, proporcionando uma experiência de publicidade envolvente. Os formatos de anúncios incluem In-Feed Ads, Brand Takeovers e Hashtag Challenges, oferecendo uma variedade de formas de envolver o público do TikTok.

2.3.2   Outros tipos de canais de marketing digital

Existem muitos outros canais e plataformas de marketing digital que são profundos e merecem ser mencionados, tais como :

O marketing móvel, que se tornou essencial devido à utilização crescente de smartphones. Engloba estratégias e tácticas destinadas a alcançar e a envolver os utilizadores nos seus dispositivos móveis, oferecendo oportunidades de envolvimento em tempo real e de personalização.

2.3.2.1 Aplicações móveis

As aplicações móveis oferecem uma experiência de utilizador imersiva e personalizada, permitindo às empresas oferecer caraterísticas únicas, como programas de fidelização, jogos, ferramentas de realidade aumentada e notificações push. As aplicações móveis podem ser utilizadas para aumentar o conhecimento da marca, estimular o envolvimento e gerar vendas. Também recolhem dados valiosos sobre o comportamento dos utilizadores, que podem ser utilizados para personalizar ainda mais a experiência e melhorar futuras campanhas de marketing.

2.3.2.2 Sítios Web optimizados para telemóveis

Com a maioria do tráfego da Web proveniente de dispositivos móveis, é crucial que os sítios Web sejam optimizados para ecrãs mais pequenos e ligações mais lentas. Os sítios Web optimizados para dispositivos móveis oferecem uma experiência de utilizador sem problemas, com tempos de carregamento rápidos, navegação fácil e conteúdos adaptados aos dispositivos móveis. Isto melhora o envolvimento do utilizador, reduz as taxas de rejeição e aumenta as hipóteses de conversão.

2.3.2.3 SMS marketing

O marketing por SMS permite às empresas enviar mensagens de texto promocionais diretamente para os telemóveis dos seus clientes. Este método pode ser muito eficaz para ofertas urgentes, lembretes de eventos e promoções exclusivas. As mensagens SMS têm uma elevada taxa de abertura e permitem uma comunicação direta e instantânea com os clientes. No entanto, é importante utilizar o marketing por SMS com moderação e de forma direcionada para evitar o envio de spam aos clientes.

2.3.2.4   Publicidade móvel

Os anúncios móveis podem aparecer em aplicações, jogos, sítios Web e resultados de pesquisa em dispositivos móveis. Podem ser direcionados com base na localização, dados demográficos, interesses e comportamentos dos utilizadores. Os formatos de anúncios móveis mais comuns incluem banners, intersticiais (anúncios de ecrã completo que aparecem entre ecrãs de uma aplicação), vídeos e anúncios nativos. Os anúncios para telemóvel podem ser muito eficazes para chegar aos utilizadores quando estes estão em movimento e têm mais probabilidades de estar ocupados com o seu telemóvel.

2.3.3   Ferramentas de marketing digital[17]

As ferramentas de marketing digital são essenciais para o planeamento, a execução e a análise das campanhas de marketing. Permitem às empresas aumentar a eficiência, atingir um público mais vasto e maximizar o retorno do investimento. Segue-se uma descrição pormenorizada de algumas das ferramentas mais utilizadas:

2.3.3.1   Análise de dados e ferramentas de gestão de redes sociais

As ferramentas de análise de dados são a pedra angular de qualquer estratégia de marketing digital bem sucedida. Permitem aos profissionais de marketing recolher, medir e interpretar dados de uma variedade de fontes, incluindo sítios Web, redes sociais, campanhas de correio eletrónico e plataformas de publicidade. Estas ferramentas fornecem informações valiosas sobre o comportamento dos utilizadores, o desempenho das campanhas, as taxas de conversão e muito mais. Ao compreender estes dados, os profissionais de marketing podem tomar decisões informadas, otimizar as suas campanhas e melhorar o seu ROI.

---

[17] [17] Ryan D., Russ H. (31 de julho de 2023), "Digital Marketing For Dummies", 2.ª edição, página 321.

2.3.3.1.1   Google Analytics

É uma das ferramentas de análise de sítios Web mais populares e abrangentes, oferecendo uma série de relatórios e funcionalidades para acompanhar o tráfego, o envolvimento e as conversões. Permite aos profissionais de marketing compreender de onde vem o seu tráfego, como os utilizadores navegam no seu sítio, quais as páginas mais populares e quais as acções que os utilizadores realizam no sítio. O Google Analytics também oferece funcionalidades avançadas, como a análise do funil de conversão, os testes A/B e a análise do comportamento dos utilizadores em tempo real.

2.3.3.1.2   Adobe Analytics

Esta plataforma de análise de nível empresarial oferece capacidades avançadas para rastrear e analisar dados em todos os canais digitais, incluindo sites, aplicações móveis, redes sociais e campanhas de correio eletrónico. O Adobe Analytics permite que as empresas criem relatórios personalizados, segmentem audiências e obtenham conhecimentos profundos sobre o percurso do cliente.

2.3.3.1.3   Ferramentas de análise de redes sociais

Cada plataforma de redes sociais oferece as suas próprias ferramentas de análise integradas, como o Facebook Insights, o Instagram Insights, o Twitter Analytics e o LinkedIn Analytics. Estas ferramentas fornecem dados sobre o desempenho dos posts, a participação dos utilizadores, o alcance dos posts e a demografia do público. Existem também ferramentas de terceiros, como o Hootsuite Insights, o Sprout Social e o Buffer Analyze, que permitem consolidar dados de várias plataformas de redes sociais e obter uma visão geral do desempenho nas redes sociais.

2.3.3.1.4   Plataformas de análise de marketing

Estas plataformas, como a HubSpot, a Marketo e a Pardot, oferecem capacidades analíticas de marketing abrangentes, desde o rastreio de contactos e campanhas até à análise de atribuição e medição do ROI. Permitem aos profissionais de marketing integrar dados de diferentes fontes, criar painéis de controlo personalizados e gerar relatórios pormenorizados sobre o desempenho das suas campanhas de marketing.

As plataformas de gestão das redes sociais (SMMP) são ferramentas essenciais para as empresas que procuram gerir eficazmente a sua presença nas redes sociais. Estas plataformas centralizam a gestão de várias contas nas redes sociais, permitindo aos profissionais de marketing programar publicações, monitorizar as menções à marca, interagir com os seguidores e analisar o desempenho das suas campanhas.

2.3.3.1.5   Hootsuite

Esta popular plataforma oferece uma interface de fácil utilização para gerir várias contas de redes sociais, programar publicações, acompanhar conversas e analisar resultados. Também oferece funcionalidades de colaboração para as equipas de marketing, permitindo-lhes delegar tarefas, acompanhar as aprovações e trabalhar em conjunto nas campanhas.

2.3.3.1.6   Tampão

O Buffer é outra plataforma de gestão de redes sociais bem conhecida, que oferece funcionalidades semelhantes às do Hootsuite. O que a distingue é o seu enfoque no planeamento e otimização das publicações para maximizar o envolvimento. O Buffer oferece ferramentas para encontrar a melhor altura para publicar, sugerir conteúdos relevantes e analisar o desempenho das publicações.

2.3.3.1.7   Sprout Social

O Sprout Social é uma plataforma mais abrangente que oferece recursos avançados de escuta social, gestão de relacionamento com o cliente (CRM) e relatórios. Permite às empresas monitorizar as conversas nas redes sociais, responder a comentários e mensagens e gerir as interações com os clientes. O Sprout Social também oferece ferramentas para analisar o sentimento, identificar influenciadores e medir o impacto das campanhas nas redes sociais.

2.3.3.1.8   Mais tarde

Later é uma plataforma especializada no planeamento e programação de conteúdos visuais no Instagram, Pinterest e outras plataformas visuais. Oferece a funcionalidade de arrastar e largar para criar calendários de conteúdos, pré-visualizar publicações e otimizar hashtags. Later é uma ferramenta valiosa para as marcas que dependem do marketing visual para atingir o seu público-alvo.

2.3.3.2   Ferramentas de marketing por correio eletrónico

O marketing por correio eletrónico continua a ser um dos canais de marketing digital mais eficazes e rentáveis. Permite às empresas comunicar diretamente com os seus subscritores, enviando-lhes ofertas personalizadas, actualizações de produtos e conteúdos relevantes. As campanhas de marketing por correio eletrónico bem executadas podem gerar oportunidades, impulsionar as vendas e incentivar a fidelidade dos clientes.

2.3.3.2.1   Mailchimp

Esta plataforma popular oferece uma interface intuitiva para criar e enviar campanhas de correio eletrónico, segmentar listas de correio, personalizar mensagens e automatizar fluxos de trabalho. O Mailchimp também oferece modelos de correio eletrónico profissionais, ferramentas de teste A/B e relatórios detalhados sobre o desempenho das campanhas.

2.3.3.2.2   Contacto constante

A Constant Contact é outra plataforma de marketing por correio eletrónico de fácil utilização que oferece funcionalidades semelhantes às do Mailchimp. Destaca-se pelas suas ferramentas de criação de correio eletrónico de arrastar e largar, integrações com plataformas de redes sociais e opções de marketing de eventos.

2.3.3.2.3   ActiveCampaign

A ActiveCampaign é uma plataforma mais avançada que oferece funcionalidades sofisticadas de automatização de marketing, tais como fluxos de trabalho personalizados, accionadores baseados no comportamento e pontuação de leads.

É ideal para empresas que pretendem implementar campanhas complexas e personalizadas de marketing por correio eletrónico.

2.3.3.2.4 ConvertKit

O ConvertKit é uma plataforma de marketing por correio eletrónico concebida especificamente para criadores de conteúdos, bloguistas e empresários em linha. Oferece funcionalidades para a criação de páginas de destino, formulários de inscrição e sequências de correio eletrónico automatizadas para alimentar leads e convertê-los em clientes.

2.3.3.3 Ferramentas de criação de conteúdos

O conteúdo é rei no mundo do marketing digital, e as ferramentas de criação de conteúdo são essenciais para produzir conteúdo de alta qualidade que atraia e envolva o público-alvo. Estas ferramentas podem incluir software de design gráfico, editores de vídeo, plataformas de blogues e ferramentas de SEO. Utilizando estas ferramentas, os profissionais de marketing podem criar conteúdos visualmente apelativos, informativos e optimizados para os motores de busca, melhorando a visibilidade da sua marca e conduzindo mais tráfego para o seu sítio Web.

2.3.3.3.1 Canva

O Canva é uma ferramenta de design gráfico online fácil de utilizar que permite aos profissionais de marketing criar imagens apelativas para as redes sociais, blogues, anúncios e outros materiais de marketing. Oferece uma extensa biblioteca de modelos, imagens, ícones e tipos de letra, bem como ferramentas de edição simples para personalizar os designs.

2.3.3.3.2 Adobe Creative Cloud

Este conjunto de aplicações criativas profissionais inclui o Photoshop para edição de imagens, o Illustrator para criação de gráficos vectoriais, o Premiere Pro para edição de vídeo e muitas outras ferramentas. A Adobe Creative Cloud é a referência para profissionais criativos, oferecendo funcionalidades avançadas para produzir conteúdos de alta qualidade.

2.3.3.3.3   WordPress

é a plataforma mais popular do mundo para blogues e sítios Web. Oferece uma interface intuitiva para criar e gerir conteúdos, bem como uma vasta biblioteca de temas e plug-ins para personalizar o aspeto e a funcionalidade de um sítio Web. O WordPress é uma ferramenta poderosa para as empresas que pretendem criar um blogue profissional ou um sítio Web completo.

2.3.3.3.4   SEMrush

A SEMrush é uma ferramenta de SEO tudo-em-um que oferece uma gama completa de funcionalidades para análise de palavras-chave, pesquisa da concorrência, acompanhamento de classificações, auditoria de sítios Web e criação de ligações. Ajuda os profissionais de marketing a otimizar o seu conteúdo para os motores de busca e a melhorar a sua visibilidade online.

2.4 Conclusão

Em conclusão, este capítulo forneceu uma panorâmica abrangente dos conceitos, estratégias e ferramentas fundamentais do marketing digital, lançando as bases essenciais para a compreensão deste domínio em constante evolução.

Começámos por explorar a definição e a história do marketing digital, traçando a sua evolução desde os primórdios do marketing de bases de dados até à era atual de plataformas digitais sofisticadas. Esta perspetiva histórica deu-nos uma melhor compreensão das bases em que assenta o marketing digital moderno.

De seguida, analisámos em profundidade os diferentes tipos de marketing digital, centrando-nos nas abordagens inbound e outbound. Esta análise destacou a diversidade de estratégias disponíveis para os profissionais de marketing, cada uma com os seus próprios pontos fortes e aplicações específicas.

Por último, a nossa exploração das ferramentas, plataformas e canais de marketing digital realçou a importância crucial da tecnologia neste domínio. Desde ferramentas de análise de dados e plataformas de gestão de redes sociais a soluções de marketing por correio eletrónico e de criação de conteúdos, vimos como estes recursos permitem aos profissionais de marketing medir, otimizar e executar eficazmente as suas estratégias.

Em última análise, este capítulo realçou a natureza multifacetada e dinâmica do marketing digital. Sublinhou a importância de os profissionais de marketing dominarem não só os conceitos fundamentais, mas também as ferramentas e tecnologias em constante evolução que moldam este domínio. Ao adotar este conhecimento e manter-se na vanguarda da inovação, as empresas podem realmente aproveitar o poder do marketing digital para alcançar e envolver o seu público-alvo de forma mais eficaz do que nunca.

APRENDIZAGEM AUTOMÁTICA

E A SUA APLICAÇÃO AO MARKETING DIGITAL

CAPÍTULO III

▶ APRENDIZAGEM AUTOMÁTICA E SUA APLICAÇÃO AO MARKETING DIGITAL.

3.1 Introdução

A aprendizagem automática está no centro de uma verdadeira revolução no panorama do marketing digital. Outrora confinado às esferas académica e futurista, este campo algorítmico alimentado por enormes quantidades de dados está agora a reconfigurar profundamente a forma como as marcas interagem com os consumidores, optimizam as suas campanhas e impulsionam o crescimento. O texto que vamos examinar oferece uma análise exaustiva do impacto transformador do ML em dois aspectos fundamentais do marketing: o envolvimento do cliente e a otimização do desempenho do marketing.

Na primeira secção, o texto explora o modo como o ML permite uma hiperpersonalização sem precedentes das interações de marketing. Graças a técnicas como a segmentação granular dos consumidores, a adaptação dinâmica dos conteúdos, os sofisticados motores de recomendação e a análise preditiva do comportamento, as marcas podem agora oferecer experiências personalizadas que respondem com precisão cirúrgica às preferências individuais. O ML está também a revolucionar o envolvimento dos clientes através de chatbots alimentados por inteligência artificial e análise de sentimentos em tempo real.

A segunda secção analisa o papel do AM na otimização do desempenho do marketing através de várias aplicações. Estas incluem a segmentação avançada de clientes, a otimização de campanhas multicanais utilizando testes multivariados e modelação de atribuição, bem como a segmentação ultra-personalizada da publicidade, possibilitada pela publicidade programática e pela licitação em tempo real.

No entanto, apesar destas promessas entusiasmantes, o texto alerta para os efeitos potencialmente nocivos da utilização indiscriminada do AM. Uma terceira secção analisa em pormenor duas grandes armadilhas: o efeito de câmara de eco, que poderia limitar a descoberta de novos produtos, e a preocupante teoria de uma "Internet morta", em que os conteúdos gerados pela IA tornariam as interações em linha artificiais e minariam a confiança dos consumidores.

Esta análise rica e matizada das implicações excitantes e preocupantes da integração do ML nas estratégias de marketing é essencial para compreender as verdadeiras questões em jogo nesta revolução tecnológica em curso. Ao explorar tanto os benefícios promissores como os riscos potenciais, este texto lança as bases para uma reflexão muito necessária sobre como aproveitar judiciosamente o poder do ML, preservando a autenticidade e o envolvimento do consumidor.

3.2 Aprendizagem automática e sua aplicação ao marketing digital

3.2.1 Aprendizagem automática para melhorar o envolvimento dos clientes

3.2.1.1 Personalizar o envolvimento

A aprendizagem automática (ML), outrora considerada um conceito confinado aos círculos académicos e à ficção científica, é agora uma componente central das estratégias de marketing digital mais avançadas. Este campo algorítmico, baseado em modelos matemáticos complexos que podem aprender com os dados, é alimentado por grandes quantidades de informações provenientes de uma variedade de fontes, como interações dos utilizadores, históricos de compras e comportamento em linha. Impulsionado pelo engenho humano dos cientistas de dados e dos especialistas em marketing, o ML está a reconfigurar fundamentalmente a forma como as marcas interagem com os consumidores, optimizam as campanhas em múltiplos canais e impulsionam o crescimento do negócio num cenário digital em constante mudança. Esta secção fornece uma exploração abrangente das várias formas como o ML melhora o envolvimento do cliente, examinando em pormenor a personalização avançada, a análise preditiva e as técnicas de otimização em tempo real que estão a revolucionar a otimização do desempenho do marketing no mundo digital Hiperpersonalização: representa um paradigma revolucionário no marketing digital em que as interações com os clientes são meticulosamente adaptadas às suas preferências e comportamentos individuais, indo muito além da simples segmentação demográfica. Este nível avançado de personalização, que tem em conta uma multiplicidade de factores como o histórico de compras, os hábitos de navegação, os interesses expressos nas redes sociais e até o contexto situacional do utilizador, é possível graças aos sofisticados algoritmos de ML. Estes algoritmos são capazes de efetuar uma segmentação granular extremamente precisa e adaptar dinamicamente os conteúdos em tempo real, criando experiências únicas para cada consumidor. Esta abordagem personalizada visa criar interações mais relevantes, envolventes e memoráveis em todos os pontos de contacto entre a marca e o cliente.

3.2.1.1.1 Segmentação granular

Os algoritmos de ML melhoraram significativamente os métodos de segmentação tradicionais, permitindo uma divisão fina das bases de dados de clientes em micro-segmentos. Esta segmentação ultra-precisa vai muito além das grandes categorias baseadas na idade, no género ou na localização geográfica. Baseia-se numa multiplicidade de variáveis complexas e interligadas, incluindo o historial detalhado de compras (não apenas o que foi comprado, mas também quando, onde e como), o comportamento de navegação meticulosamente analisado (tempo passado em cada página, percursos de navegação, abandono de cestos), interações nas redes sociais (gostos, partilhas, comentários), dados demográficos aprofundados, perfis psicográficos elaborados (atitudes, valores, estilos de vida) e pistas contextuais em tempo real, como a localização exacta, o clima local ou mesmo o estado de espírito deduzido de interações recentes. Esta segmentação granular, possibilitada pela capacidade do ML para processar e analisar volumes maciços de dados heterogéneos, permite uma comunicação extremamente direcionada e relevante para cada indivíduo, aumentando a eficácia das mensagens de marketing ao adaptá-las às mais ínfimas nuances das preferências e do comportamento de cada consumidor.

3.2.1.1.2   Adaptação dinâmica de conteúdos

Graças ao ML, as plataformas digitais, como os sítios Web, os e-mails e as interfaces de aplicações, podem adaptar o seu conteúdo, disposição e apelos à ação em tempo real, de acordo com os dados específicos de cada utilizador. Esta adaptação dinâmica vai muito além da simples alteração de texto ou imagens. Envolve uma reconfiguração completa da experiência do utilizador, tendo em conta não só as preferências explícitas do utilizador, mas também os seus comportamentos implícitos, o seu historial de interações com a marca e até factores contextuais como a hora do dia ou o dispositivo utilizado. Por exemplo, um sítio de viagens pode oferecer destinos diferentes a um viajante experiente e a um principiante, ajustando não só as recomendações de destino, mas também o tipo de informação apresentada (ênfase nas actividades de aventura para o primeiro, nas comodidades e na segurança para o segundo), o estilo visual (imagens dinâmicas de actividades radicais vs. paisagens tranquilas) e até a estrutura de navegação do sítio. Esta adaptação em tempo real melhora a relevância e o atrativo do conteúdo apresentado, aumentando significativamente as hipóteses de envolvimento e conversão.

3.2.1.1.3   Motores de recomendação de produtos

Utilizando técnicas sofisticadas, como a filtragem colaborativa, a filtragem baseada no conteúdo e abordagens híbridas que combinam vários métodos, os motores de recomendação baseados em ML geram sugestões de produtos altamente personalizadas. Estes sistemas não se limitam a recomendar produtos semelhantes aos que já foram comprados ou consultados. Analisam em profundidade os padrões de comportamento dos utilizadores, comparam-nos com os de utilizadores semelhantes e têm em conta factores contextuais como a sazonalidade, as tendências do mercado e até o inventário em tempo real. Estes motores aprendem continuamente com as interações dos utilizadores, aperfeiçoando as suas recomendações para melhor corresponderem às preferências individuais, aumentando as vendas e melhorando a experiência de compra. Por exemplo, um motor de recomendação para uma plataforma de streaming de música não se limitará a sugerir artistas do mesmo género, mas será capaz de recomendar listas de reprodução adaptadas ao estado de espírito do utilizador, à sua atividade (trabalho, desporto, relaxamento) ou mesmo às condições meteorológicas locais.

3.2.1.1.4   Marketing por correio eletrónico personalizado

As plataformas de marketing por correio eletrónico alimentadas por ML permitem uma personalização avançada dos e-mails, indo muito além da simples inserção do nome do destinatário. Estes sistemas são capazes de ativar mensagens com base em comportamentos específicos dos clientes, como o abandono de um cesto de compras, a consulta repetida de um produto ou a obtenção de um marco de fidelidade. Segmentam as listas de distribuição de acordo com os níveis de envolvimento, o historial de compras e até as preferências de leitura inferidas (por exemplo, a propensão para abrir mensagens de correio eletrónico a determinadas horas ou em determinados dias). A personalização estende-se às linhas de assunto, adaptadas para maximizar as taxas de abertura de acordo com as preferências individuais (tom humorístico, abordagem direta ou estilo mais formal), e ao próprio conteúdo, com imagens, ofertas e até estruturas de mensagens adaptadas a cada destinatário. Esta personalização avançada aumenta significativamente as taxas de abertura e de cliques, melhorando a eficácia global das campanhas de correio eletrónico e reforçando as relações com os clientes a longo prazo.

3.2.1.2   Análise preditiva de clientes

Possibilitada pelo ML, a análise preditiva permite aos profissionais de marketing transformar estratégias reactivas em estratégias proactivas, antecipando as necessidades e o comportamento dos consumidores para otimizar as intervenções de marketing. Esta abordagem vai muito além da simples análise de tendências passadas. Utiliza algoritmos complexos para identificar padrões subtis nos dados, ter em conta uma multiplicidade de variáveis e gerar previsões precisas do comportamento futuro dos clientes. Isto permite às empresas tomar decisões informadas, afetar recursos de forma eficiente e criar experiências personalizadas para o cliente, mesmo antes de este manifestar uma necessidade.

3.2.1.2.1   Previsão de Churn

A previsão do churn, também conhecida como previsão do desgaste do cliente, é um processo sofisticado que utiliza dados variados e análises complexas para identificar os clientes que provavelmente deixarão de utilizar um serviço ou produto. Esta abordagem vai muito além da simples observação de declínios na utilização. Incorpora uma multiplicidade de factores, como os padrões de interação com o serviço ao cliente, as flutuações nos hábitos de compra, as alterações no envolvimento nas redes sociais e até factores externos, como as condições de mercado ou as ofertas da concorrência. Esta é uma preocupação crucial para as empresas, uma vez que o custo de aquisição de novos clientes excede muitas vezes o custo de retenção dos actuais. A previsão do churn envolve normalmente modelos de ML que analisam o comportamento do cliente e os dados de envolvimento durante longos períodos de tempo. Estes modelos procuram padrões subtis que possam indicar que um cliente está a ficar menos satisfeito ou empenhado, muito antes de surgirem quaisquer sinais óbvios. Por exemplo, uma queda súbita na utilização, uma mudança no comportamento de compra ou um feedback negativo podem ser indicadores de uma potencial rotatividade. Ao identificar estes sinais precoces, as empresas podem pôr em prática estratégias de retenção orientadas, como ofertas personalizadas, apoio proactivo ao cliente ou programas de fidelização adaptados, para evitar o abandono do cliente.

3.2.1.2.2   Previsão de compra

Ao analisar os padrões de compras anteriores e o comportamento de navegação, os modelos de aprendizagem automática podem prever as futuras decisões de compra dos consumidores com uma precisão notável. Esta análise vai muito para além da simples extrapolação de compras anteriores. Incorpora uma multiplicidade de factores, como variações sazonais, tendências de mercado, eventos de vida inferidos (como uma mudança de casa ou de situação profissional) e até a influência das redes sociais nas preferências de compra. Esta antecipação permite que os profissionais de marketing enviem recomendações de produtos altamente relevantes e oportunas, criem oportunidades de venda cruzada ou de venda adicional perfeitamente adaptadas às necessidades previstas do cliente e gerem antecipação entre os clientes, apresentando produtos no momento mais propício do seu percurso de compra. Por exemplo, um algoritmo pode prever que um cliente que comprou recentemente uma tenda e consultou guias de caminhadas estará interessado em botas de caminhada nas próximas semanas, permitindo que a marca apresente ofertas direcionadas antes mesmo de o cliente ter iniciado a sua pesquisa. Esta abordagem proactiva aumenta significativamente as taxas de conversão, alinhando perfeitamente a oferta com o momento em que o cliente tem mais probabilidades de fazer uma compra.

3.2.1.2.3   Modelação da melhor ação seguinte

Estes modelos sofisticados, que funcionam em tempo real, vão muito além de simples guiões de resposta predefinidos. Orientam os representantes do serviço de apoio ao cliente e os chatbots, sugerindo dinamicamente as respostas, soluções ou ofertas mais adequadas para satisfazer os pedidos e as necessidades dos clientes. Estes modelos têm em conta não só o historial completo das interações do cliente com a empresa, mas também factores contextuais como o tom emocional da conversa atual, as preferências de comunicação do cliente e até eventos externos que possam influenciar a satisfação do cliente. Por exemplo, durante uma chamada para o serviço de apoio ao cliente, o modelo pode sugerir que o agente ofereça uma compensação específica com base no historial de fidelização do cliente, na natureza do seu problema atual e em ofertas anteriores que tenham sido eficazes para clientes semelhantes em situações comparáveis. Esta abordagem não só melhora a experiência do cliente, fornecendo soluções mais relevantes e personalizadas, como também melhora a eficiência operacional, permitindo que os agentes tomem decisões informadas mais rapidamente.

3.2.1.2.4   Pontuação de leads

Os algoritmos do ML analisam uma grande quantidade de dados de leads para atribuir pontuações que reflectem a probabilidade de conversão. Esta análise vai muito além dos simples dados demográficos ou do histórico de interações. Incorpora sinais comportamentais subtis, como o tempo passado em determinadas páginas do sítio Web, a frequência e a natureza das interações com o conteúdo da empresa nas redes sociais, a capacidade de resposta a campanhas de correio eletrónico anteriores e até dados externos, como as tendências do sector ou a saúde financeira da empresa do cliente potencial (para vendas B2B). Esta hierarquização permite às equipas de vendas concentrar os seus esforços nas oportunidades mais promissoras, adaptando a sua abordagem em função da pontuação e das caraterísticas específicas de cada oportunidade. Por exemplo, uma oportunidade com pontuação elevada pode ser imediatamente encaminhada para um representante de vendas sénior para um acompanhamento personalizado, enquanto uma oportunidade com pontuação média pode receber uma série de e-mails educativos automatizados antes do contacto direto. Esta abordagem baseada em dados melhora as taxas de conversão, permitindo uma atribuição mais eficiente dos recursos de vendas e garantindo que cada lead recebe a atenção e o tipo de interação mais adequados à sua fase no percurso de compra.

Chatbots e assistentes virtuais: graças ao ML, revolucionaram o marketing conversacional, oferecendo interações imediatas e personalizadas que melhoram a satisfação do cliente e optimizam os processos de apoio. Estas ferramentas vão muito além dos simples sistemas de resposta automática baseados em palavras-chave. Utilizam algoritmos de aprendizagem profunda para compreender o contexto, a intenção e até as nuances emocionais das consultas dos clientes, permitindo conversas mais naturais e produtivas.

3.2.1.2.5   Compreender a linguagem natural

As capacidades avançadas de compreensão da linguagem natural (NLU) permitem que os chatbots compreendam as subtilezas da linguagem humana, incluindo o calão, as expressões idiomáticas e o contexto. Esta compreensão vai para além do simples reconhecimento de palavras-chave. Envolve uma análise semântica profunda que capta a verdadeira intenção por detrás das consultas dos utilizadores, mesmo quando estas são expressas de forma indireta ou ambígua. Por exemplo, um chatbot equipado com NLU avançada pode compreender que uma pergunta como "Não consigo ligar" não é apenas uma afirmação, mas um pedido implícito de ajuda para resolver um problema de ligação. Esta capacidade de interpretar a linguagem natural em toda a sua complexidade promove conversas mais naturais e envolventes com os clientes, tornando as interações mais eficazes e agradáveis. Além disso, ao compreender o contexto e as nuances linguísticas, estes chatbots podem adaptar o seu tom e estilo de comunicação para melhor corresponder ao do utilizador, criando uma experiência mais personalizada e satisfatória.

3.2.1.2.6   Análise de sentimentos em conversas

Os chatbots equipados com análise de sentimentos podem avaliar as emoções dos clientes em tempo real, indo muito além da simples deteção de palavras positivas ou negativas. Estes sistemas avançados analisam uma multiplicidade de indicadores linguísticos e contextuais para deduzir o estado emocional do cliente, incluindo a escolha de palavras, a estrutura das frases, a pontuação e até o ritmo da conversa. Esta capacidade permite-lhes ajustar as suas respostas de forma adequada, modulando o tom, o estilo e o conteúdo das suas mensagens para melhor responder ao estado emocional do cliente. Por exemplo, quando confrontado com um cliente frustrado, o chatbot pode adotar um tom mais empático, oferecer um pedido de desculpas sincero e sugerir uma resolução rápida para o problema. Por outro lado, com um cliente entusiasmado, pode adotar um tom mais alegre e aproveitar a oportunidade para sugerir produtos ou serviços complementares. Além disso, estes sistemas são capazes de detetar sinais precoces de insatisfação ou confusão, permitindo que os problemas sejam encaminhados para agentes humanos, se necessário, antes que a situação se deteriore. Esta capacidade de reagir de forma empática e contextual às emoções dos clientes ajuda a proporcionar uma experiência mais humana, personalizada e satisfatória ao cliente, reforçando a relação entre a marca e o consumidor.

3.2.1.2.7   Integração omnicanal

Os chatbots modernos estão integrados numa variedade de plataformas, incluindo aplicações de mensagens, redes sociais e assistentes de voz, proporcionando uma experiência de apoio ao cliente consistente e sem falhas, independentemente do canal que o cliente escolher. Esta integração vai muito para além de uma simples presença em várias plataformas. Envolve a sincronização em tempo real de dados e interações em todos os canais, permitindo uma experiência de cliente sem descontinuidades. Por exemplo, um cliente pode iniciar uma conversa no sítio Web da empresa, continuá-la através da aplicação móvel enquanto se desloca e terminá-la com uma chamada telefónica, sem ter de repetir as suas informações ou o histórico da sua consulta. Os chatbots omnicanal podem aceder a todo o histórico de interação do cliente, independentemente do canal utilizado anteriormente, e adaptar a sua abordagem em conformidade. Esta integração omnicanal não só garante a consistência do apoio ao cliente, como também melhora a eficiência, permitindo uma resolução mais rápida dos problemas e proporcionando uma experiência do cliente mais suave e personalizada.

3.2.1.2.8   Envolvimento proactivo

Os chatbots podem iniciar conversas de forma proactiva com base no comportamento dos clientes em sítios Web ou aplicações, indo além da simples resposta a pedidos explícitos. Estes sistemas avançados analisam uma multiplicidade de sinais comportamentais em tempo real, como o tempo passado em determinadas páginas, os movimentos do rato, os produtos consultados ou mesmo as hesitações no processo de compra. Com base nestas análises, os chatbots podem intervir de forma atempada e contextual. Por exemplo, se um utilizador passa um tempo invulgar numa página, o chatbot pode oferecer uma assistência personalizada. Ou, se um cliente adicionar vários artigos ao seu cesto, mas estiver relutante em concluir a compra, o chatbot pode intervir para oferecer informações adicionais sobre o produto, comentários de outros clientes ou mesmo ofertas especiais para incentivar a conversão. Esta abordagem proactiva aumenta o envolvimento, oferece recomendações personalizadas e melhora as taxas de conversão, fornecendo informações relevantes e oportunas exatamente quando o cliente mais precisa delas. Além disso, ao antecipar as necessidades do cliente, esta abordagem pode melhorar significativamente a satisfação do cliente e reforçar a perceção da marca como sendo atenta e reactiva.

Análise de sentimentos: através de ML, é uma ferramenta crucial que permite às marcas compreender e responder às emoções, feedback e tendências dos clientes em tempo real. Esta tecnologia vai muito para além da simples categorização dos comentários como positivos ou negativos. Fornece uma compreensão matizada e contextual dos sentimentos expressos pelos consumidores em vários canais.

3.2.1.2.9   Escuta social em grande escala

As ferramentas de escuta social com base em ML podem monitorizar grandes quantidades de publicações em redes sociais, críticas e discussões em linha, processando milhões de menções em tempo real. Estes sistemas não se limitam a contar as menções positivas ou negativas. Utilizam algoritmos sofisticados para analisar o contexto, detetar sarcasmo, compreender nuances linguísticas e culturais e até interpretar emojis e memes. Ao analisar estes dados, as marcas podem avaliar o sentimento geral com uma precisão sem precedentes, seguir as menções dos concorrentes para uma análise comparativa pormenorizada e identificar as tendências emergentes antes de se tornarem comuns. Por exemplo, uma ferramenta de escuta social pode detetar uma insatisfação crescente com um aspeto específico de um produto, permitindo que a marca reaja rapidamente antes que o problema se agrave. Ou pode identificar uma nova utilização inesperada para um produto num segmento de consumidores, abrindo novas oportunidades de marketing. Esta capacidade de análise em grande escala e em tempo real permite que as marcas se mantenham à frente das tendências do mercado, antecipem as necessidades dos consumidores e adaptem rapidamente as suas estratégias de marketing e de desenvolvimento de produtos.

3.2.2   Aprendizagem automática para otimizar o desempenho do marketing[18]

3.2.2.1   Segmentação de clientes

Embora a análise de Recência, Frequência e Valor em Dólar continue a ser uma ferramenta valiosa para segmentar os clientes, tem algumas limitações em termos de profundidade de análise. Os algoritmos de aprendizagem automática (ML) permitem ir muito além destes parâmetros tradicionais, incorporando uma

---

[18][19] Andrea De M., Andrea S., Andrea Ba. (24 de junho de 2022), "Aprendizagem automática e utilização da inteligência artificial no marketing: uma taxonomia geral",
https://link.springer.com/article/10.1007/s43039-022-00057-w

gama muito mais alargada de variáveis. Estas variáveis incluem dados psicográficos, que captam as atitudes, os valores e os interesses dos consumidores, o comportamento em linha detalhado, a atividade nas redes sociais e até dados de fontes externas, como agências de crédito e fornecedores de dados terceiros. Esta integração permite a criação de segmentos hiper-direcionados que reflectem não só o comportamento transacional dos clientes, mas também as suas motivações mais profundas e contextuais. Como resultado, as campanhas de marketing podem ser concebidas de forma mais estratégica e precisa, melhorando a relevância das mensagens e a eficácia das intervenções.

3.2.2.1.1 Sósias de modelos

A modelação por semelhança explora as capacidades avançadas do ML para identificar novos potenciais clientes com caraterísticas semelhantes às dos seus clientes mais valiosos. Esta técnica baseia-se na análise dos dados demográficos, comportamentais e psicográficos da sua base de clientes atual para encontrar "parecidos" em bases de dados maiores de potenciais clientes potenciais. Ao visar estes sósias, os profissionais de marketing podem alargar eficazmente o seu alcance, concentrando-se em públicos com uma elevada probabilidade de conversão, optimizando os recursos de marketing e aumentando o ROI das campanhas publicitárias.

3.2.2.1.2 Previsão do valor do tempo de vida do cliente

A previsão do valor do tempo de vida do cliente (CLTV) é outra aplicação crucial do ML no marketing. Os modelos de ML podem analisar resmas de dados históricos e comportamentais para estimar o valor futuro de cada cliente ao longo de todo o seu ciclo de vida. Isto permite aos profissionais de marketing segmentar os clientes com base no seu valor previsto e afetar recursos de forma mais estratégica. Os clientes com um CLTV elevado podem beneficiar de tratamentos personalizados, programas de fidelização exclusivos e ofertas especiais, enquanto os clientes com um CLTV mais baixo podem ser alvo de campanhas menos dispendiosas mas igualmente eficazes. Esta abordagem não só maximiza o retorno do investimento em marketing, como também melhora a satisfação e a fidelização dos clientes.

3.2.2.1.3　Segmentação dinâmica

O comportamento dos consumidores está em constante evolução em resposta a uma multiplicidade de factores internos e externos. Os algoritmos de ML permitem uma segmentação dinâmica e em tempo real, em que os segmentos de clientes são continuamente actualizados com base em novos dados comportamentais e transaccionais. Esta capacidade de adaptação rápida às alterações nas preferências e no comportamento dos clientes garante que as estratégias de marketing permanecem relevantes e eficazes. Por exemplo, uma campanha promocional pode ser ajustada instantaneamente para visar clientes que demonstrem um interesse súbito num produto específico, aumentando as hipóteses de conversão.

3.2.2.2　Otimização de campanhas

Os testes A/B tradicionais, embora úteis, são limitados porque só permitem comparar duas versões de um elemento de cada vez. Em contrapartida, os testes multivariados orientados por ML permitem testar simultaneamente diversas variações de anúncios, e-mails, páginas de destino ou mesmo campanhas inteiras. Esta abordagem acelera o processo de otimização, revelando as interações complexas entre os diferentes elementos da campanha. Por exemplo, um teste multivariado pode analisar o desempenho de várias combinações de títulos, imagens e apelos à ação, identificando a combinação mais eficaz para cada segmento de clientes.

3.2.2.2.1　Otimização dinâmica de criativos

A otimização dinâmica de criativos utiliza algoritmos de aprendizagem automática para personalizar os elementos criativos dos anúncios em tempo real. Isto significa que componentes como os títulos, as imagens e os apelos à ação podem ser ajustados dinamicamente de acordo com os dados específicos de cada utilizador. Por exemplo, um utilizador que navegue num sítio de viagens pode ver anúncios de destinos tropicais se for detectado como tendo interesse em férias na praia, enquanto outro utilizador pode ver ofertas de férias na montanha. Esta personalização em tempo real aumenta a relevância e o envolvimento, melhorando o desempenho das campanhas publicitárias.

3.2.2.2.2   Modelação da atribuição

O modelo de atribuição baseado em ML vai além do modelo de atribuição do último clique para fornecer uma visão mais abrangente do impacto de cada ponto de contacto no percurso do cliente. Ao analisar as interações múltiplas e complexas entre as diferentes fases do percurso de compra, os modelos de atribuição baseados no ML podem atribuir com maior precisão o crédito a diferentes canais de marketing. Isto permite aos profissionais de marketing compreender a eficácia relativa de cada canal e reafectar os orçamentos de forma mais estratégica para maximizar o impacto global das campanhas de marketing.

3.2.2.2.3   Otimização preditiva de ofertas

No domínio da publicidade paga, a otimização preditiva das ofertas é uma aplicação fundamental do ML. Os algoritmos podem analisar os dados dos utilizadores em tempo real para prever a probabilidade de conversão de cada impressão publicitária. Com base nestas previsões, as estratégias de licitação podem ser ajustadas automaticamente para maximizar o retorno do investimento em publicidade. Por exemplo, uma campanha publicitária pode ajustar as suas licitações para impressões que tenham uma maior probabilidade de conversão, reduzindo assim despesas de publicidade desnecessárias e aumentando a eficácia global da campanha.

3.2.2.3   Leilões de segmentação e publicidade

3.2.2.3.1   Publicidade programática

A publicidade programática é um processo automatizado de compra de anúncios que utiliza algoritmos de aprendizagem automática para direcionar públicos específicos com base numa vasta gama de critérios, tais como dados demográficos, interesses, comportamento em linha e dados contextuais em tempo real. Esta automatização permite apresentar anúncios mais relevantes e melhorar a eficácia das campanhas publicitárias em tempo real. Por exemplo, uma campanha publicitária para um carro novo pode visar especificamente utilizadores que tenham consultado recentemente sítios Web de comparação de automóveis ou que tenham demonstrado interesse em modelos semelhantes nas redes sociais.

3.2.2.3.2   Leilões em tempo real

As plataformas de licitação em tempo real (RTB) utilizam o ML para analisar enormes quantidades de dados em milissegundos, permitindo aos anunciantes licitar impressões de anúncios em tempo real. Esta capacidade de tomar decisões de licitação instantaneamente garante que os anúncios são entregues aos públicos mais relevantes no momento mais oportuno, maximizando a eficácia dos gastos com publicidade. Por exemplo, uma campanha RTB pode ajustar as suas licitações em tempo real de acordo com a probabilidade de conversão, optimizando assim os orçamentos de publicidade e melhorando o retorno do investimento.

3.2.2.3.3   Deteção de fraudes

A deteção de fraudes em anúncios é uma aplicação essencial do ML, ajudando a proteger os orçamentos de publicidade de cliques e impressões fraudulentas. Os algoritmos de ML podem identificar padrões de comportamento suspeitos e evitar fraudes em tempo real, garantindo que os recursos publicitários são utilizados eficazmente e que as campanhas atingem o seu verdadeiro público-alvo. Esta proteção contra a fraude é crucial para manter a integridade e a eficácia das campanhas publicitárias.

3.2.2.3.4   Segurança da marca

A segurança das marcas é outro domínio em que o AM desempenha um papel fundamental. Os algoritmos de ML podem analisar o conteúdo e o contexto de sítios Web e aplicações para garantir que os anúncios não são apresentados juntamente com conteúdos inadequados ou prejudiciais. Isto garante que os anúncios são apresentados em ambientes seguros, protegendo a reputação da marca e evitando associações indesejadas que possam prejudicar a imagem de uma empresa.

3.3 Aprendizagem automática e marketing digital: as perspectivas

3.3.1 O potencial horizonte positivo do marketing digital

Como a aprendizagem automática continua a evoluir rapidamente, o seu potencial para transformar o panorama do marketing digital é simultaneamente estimulante e assustador. Esta secção explora os resultados positivos que o ML pode trazer, prometendo um futuro em que o marketing será mais personalizado, eficiente e impactante do que nunca.

3.3.1.1 A era da hiper-individuação

3.3.1.1.1 Um conhecimento profundo dos consumidores individuais

Os algoritmos de ML tornar-se-ão capazes de compreender os consumidores individuais a um nível sem precedentes, explorando os seus valores, emoções e aspirações. Esta compreensão pormenorizada permitirá a criação de experiências hiper-personalizadas, indo muito além das simples recomendações de produtos. Por exemplo, um utilizador apaixonado por viagens de aventura poderia receber conselhos personalizados sobre equipamento, itinerários e guias locais, enriquecendo cada interação. Esta capacidade de individualização permitirá transformar cada ponto de contacto no percurso do cliente de modo a responder especificamente às necessidades e preferências de cada consumidor, melhorando assim a sua satisfação e fidelização.

3.3.1.1.2 Campanhas dinâmicas e narrativas

As campanhas de marketing tornar-se-ão narrativas dinâmicas, adaptando-se em tempo real à interação e ao feedback dos utilizadores. Esta abordagem narrativa permite um envolvimento mais profundo e ligações emocionais mais fortes entre marcas e consumidores. Por exemplo, uma campanha de lançamento de um produto pode evoluir de acordo com as reacções dos consumidores nas redes sociais, ajustando continuamente o conteúdo e as mensagens para melhor se repercutir no público-alvo. Esta adaptabilidade não só melhorará a eficácia das campanhas, como também criará experiências de marca memoráveis e cativantes.

3.3.1.1.3 Influenciadores virtuais e embaixadores da marca orientados para a IA

Os influenciadores virtuais e os embaixadores de marcas impulsionados pela IA tornar-se-ão comuns, oferecendo recomendações e interações personalizadas que esbatem as fronteiras entre a interação humana e a interação com a máquina. Estas entidades virtuais, com personalidades e vozes únicas, serão capazes de envolver os consumidores de forma autêntica e contínua, aumentando a fidelização e a satisfação dos clientes. Por exemplo, um influenciador virtual poderia interagir com os utilizadores nas redes sociais, oferecendo conselhos personalizados e recomendações de produtos com base nas preferências individuais e no comportamento anterior dos utilizadores.

3.3.1.2 Automação de marketing amplificada

O ML automatizará tarefas de marketing cada vez mais complexas, libertando os profissionais de marketing humanos para se concentrarem na estratégia e na criatividade. Por exemplo, as campanhas de marketing por correio eletrónico poderão ser totalmente automatizadas, desde a segmentação e personalização das mensagens até ao momento ideal para os envios. Esta automatização avançada permitirá gerir campanhas mais complexas com maior precisão e eficiência, optimizando os recursos de marketing.

3.3.1.2.1 Ferramentas de geração de conteúdos baseadas em IA

As ferramentas de geração de conteúdos baseadas em IA produzirão publicações de alta qualidade em blogues, actualizações de redes sociais e até guiões de vídeo, todos adaptados a públicos e objectivos específicos. Estas ferramentas permitirão aos profissionais de marketing manter um fluxo constante de conteúdos cativantes sem sobrecarregar os recursos humanos. Por exemplo, uma ferramenta de criação de conteúdos pode criar publicações de blogue optimizadas para SEO com base nos tópicos mais relevantes e procurados pelo público-alvo.

3.3.1.2.2   Análise preditiva sofisticada

A análise preditiva tornar-se-á ainda mais sofisticada, permitindo aos profissionais de marketing antecipar as necessidades dos clientes e abordá-los de forma proactiva com ofertas e soluções personalizadas. Por exemplo, um retalhista em linha poderá prever quais os produtos que um cliente irá provavelmente comprar a seguir e oferecer recomendações antes mesmo de este começar a procurar. Esta capacidade de antecipar as necessidades dos clientes criará experiências mais suaves e mais satisfatórias para os clientes, aumentando as taxas de conversão e a fidelidade dos clientes.

3.3.1.3   Maior confidencialidade e segurança dos dados

Os avanços no ML conduzirão a medidas mais robustas de privacidade e segurança dos dados, garantindo que os dados dos consumidores são tratados de forma responsável e ética. Por exemplo, as técnicas de privacidade diferencial permitirão aos profissionais de marketing obter informações valiosas sem comprometer a privacidade individual. Estas técnicas adicionarão ruído estatístico aos dados, tornando indetetável a informação individual, preservando simultaneamente o valor analítico global.

3.3.1.3.1   Técnicas de confidencialidade diferencial

As técnicas de privacidade diferenciada permitirão aos profissionais de marketing extrair informações valiosas dos dados sem comprometer a privacidade individual. Por exemplo, uma empresa poderia analisar as tendências globais de compra sem aceder aos dados específicos de cada cliente, garantindo assim a confidencialidade dos dados pessoais ao mesmo tempo que obtém informações úteis para a estratégia de marketing.

3.3.1.3.2   Deteção e prevenção de fraudes

Os algoritmos de aprendizagem automática serão utilizados para detetar e prevenir a fraude, protegendo tanto os consumidores como as empresas. Por exemplo, os sistemas de monitorização em tempo real serão capazes de identificar transacções suspeitas e tomar medidas imediatas para evitar perdas financeiras. Esta capacidade de prevenir a fraude em tempo real é crucial para manter a confiança dos consumidores e proteger os recursos das empresas.

3.3.2 As potenciais armadilhas da aprendizagem automática no marketing digital

Embora o futuro da aprendizagem automática (ML) no marketing digital seja muito promissor, é crucial reconhecer os potenciais resultados negativos que podem surgir se não for cuidadosamente gerido. Esta secção explora em pormenor os desafios e as potenciais armadilhas associadas à integração da aprendizagem automática nas estratégias de marketing digital.

3.3.2.1 O efeito de câmara de eco[19]

À medida que os algoritmos de aprendizagem automática se tornam mais hábeis na personalização, correm o risco de criar ambientes em que os consumidores são expostos principalmente a conteúdos que reforçam as suas preferências e comportamentos actuais. Esta personalização acrescida pode parecer benéfica a curto prazo, mas acarreta riscos significativos para o marketing a longo prazo.

Quando as pessoas são continuamente expostas a informações e produtos que confirmam as suas preferências, podem tornar-se menos receptivas a novas ideias e produtos. Este fenómeno, frequentemente designado por "efeito de câmara de eco", limita a capacidade dos consumidores para descobrir novas marcas, produtos ou serviços. No marketing, este fenómeno pode levar à saturação do mercado, em que os consumidores só vêem os mesmos tipos de produtos e mensagens, reduzindo a sua propensão para explorar e experimentar novas ofertas.

3.3.2.1.1 Reduzir a diversidade de produtos e serviços

As câmaras de eco podem também reduzir a diversidade de produtos e serviços que os consumidores consideram. Os algoritmos, baseados em preferências passadas, podem sugerir apenas produtos semelhantes aos que os consumidores

---

[19] [20] Berg A., Provins S., Silberman G., White K., (31 de maio de 2021), "artificial intelligence and echo chambers". https://www.counterterrorismgroup.com/post/artificial-intelligence-and-echo-chambers

já compraram ou consultaram. Este facto limita a descoberta de produtos inovadores ou de nicho, prejudicando a diversidade do mercado.

3.3.2.1.2   Estagnação e falta de inovação

Para as empresas, a personalização excessiva pode conduzir à estagnação. Se os algoritmos continuarem a empurrar os mesmos tipos de produtos para um grupo de consumidores, as oportunidades de introduzir inovações ou produtos diferenciados são reduzidas. Este facto pode dificultar o lançamento de novos produtos ou a entrada das empresas em novos segmentos de mercado.

3.3.2.2   A teoria da Internet morta[20]

A teoria da Internet morta, um conceito que ganhou terreno nos últimos anos, postula uma hipótese assustadora: uma proporção significativa do conteúdo online não é criada por humanos, mas sim por algoritmos sofisticados de inteligência artificial (IA). Embora esta teoria caia frequentemente no domínio da especulação e da conspiração, levanta questões profundas sobre a autenticidade das interações em linha e o futuro do marketing digital.

3.3.2.2.1   A erosão da autenticidade na era digital

No centro da teoria da Internet morta está uma preocupação fundamental com a erosão da autenticidade no domínio digital. À medida que os conteúdos gerados por IA se tornam cada vez mais sofisticados, esbatendo as fronteiras entre a expressão humana e a expressão gerada por máquinas, a própria noção de autenticidade está a ser posta em causa. Isto representa um grande desafio para os profissionais de marketing digital, que dependem da criação de confiança e do estabelecimento de ligações genuínas com os seus públicos.

Num mundo em que as publicações nas redes sociais geradas por IA, as análises de produtos e até os artigos noticiosos se estão a tornar indistinguíveis do conteúdo gerado por humanos, como é que as marcas se podem diferenciar e manter a sua voz única?

---

[20] 21] Butler S. (8 de março de 2024), "What Is the Dead Internet Theory?" [O que é a teoria da Internet morta?]. https://www.howtogeek.com/what-is-the-dead-internet-theory/

Como é que os consumidores podem confiar nas informações que encontram em linha se não conseguem discernir se estas provêm de um ser humano ou de uma máquina?

3.3.2.2.2   Implicações para a confiança e o empenhamento dos consumidores

A confiança dos consumidores é um bem precioso na era digital. É a base sobre a qual se constroem as marcas de sucesso. Se os consumidores não puderem confiar na autenticidade dos conteúdos em linha, a sua confiança nas marcas e nas instituições pode diminuir, conduzindo a um menor envolvimento, a taxas de conversão mais baixas e, em última análise, a uma perda de lealdade à marca.

A teoria da Internet morta sugere que, à medida que os conteúdos gerados por IA proliferam, os consumidores podem tornar-se cada vez mais cépticos em relação à informação em linha. Poderão questionar os motivos subjacentes a publicações aparentemente autênticas nas redes sociais, duvidar da veracidade das críticas em linha e tornar-se menos receptivos a mensagens de marketing que pareçam ser geradas por algoritmos e não por seres humanos.

Além disso, se os consumidores perceberem que as marcas estão a utilizar a IA para os manipular ou enganar, o tiro pode sair pela culatra de forma espetacular, levando a uma reação contra a marca e a danos a longo prazo na sua reputação.

3.3.2.2.3   O paradoxo da personalização

Ironicamente, o aumento dos conteúdos gerados por IA está intimamente ligado à procura de personalização, a pedra angular do marketing digital moderno. Os algoritmos de inteligência artificial são utilizados para analisar grandes quantidades de dados para adaptar conteúdos, recomendações e experiências a utilizadores individuais. No entanto, a teoria da Internet Morta sugere que esta personalização pode contribuir para o problema da inautenticidade.

medida que os algoritmos se tornam mais hábeis a imitar o comportamento e as preferências humanas, o conteúdo que geram pode tornar-se cada vez mais indistinguível do conteúdo criado por humanos. Isto pode levar a uma situação paradoxal em que a personalização, destinada a melhorar a experiência do cliente, contribui inadvertidamente para a erosão da confiança e da autenticidade.

3.4 Conclusão

Em última análise, a ascensão meteórica da aprendizagem automática no panorama do marketing digital representa tanto uma oportunidade fascinante como um desafio assustador. Como já explorámos, a aprendizagem automática tem o potencial de transformar radicalmente a forma como as marcas interagem com os seus públicos, dando início a uma era de hiperpersonalização, envolvimento profundo e otimização sem precedentes das campanhas de marketing.

No entanto, seria ingénuo abraçar cegamente esta revolução tecnológica sem considerar cuidadosamente as suas implicações a longo prazo. As armadilhas do efeito de câmara de eco e da "Internet morta" recordam-nos que a procura de relevância e eficiência de marketing não deve ser feita à custa da autenticidade e da confiança - pilares fundamentais sobre os quais se constroem relações duradouras entre marcas e consumidores.

Assim, à medida que avançamos para esta nova era, caberá aos profissionais de marketing encontrar um equilíbrio delicado. Terão de aproveitar sabiamente o poder do ML para proporcionar experiências verdadeiramente personalizadas e envolventes, mantendo ao mesmo tempo uma ligação autêntica com o seu público. Será essencial adotar uma abordagem ponderada, ética e responsável para integrar o ML nas estratégias de marketing.

Em vez de se deixarem cegar pela promessa das mais recentes inovações tecnológicas, os branders mais sensatos reconhecerão que o ML é apenas uma ferramenta poderosa, concebida para ampliar - e não substituir - a perícia, a criatividade e a inteligência humanas que estão na base de um marketing de sucesso. Ao adotar esta visão diferenciada, podem aproveitar verdadeiramente o potencial revolucionário do ML, preservando a alma e a autenticidade das suas marcas.

APRENDIZAGEM AUTOMÁTICA: APLICAÇÃO À PREVISÃO DE CLIQUES EM ANÚNCIOS NA WEB

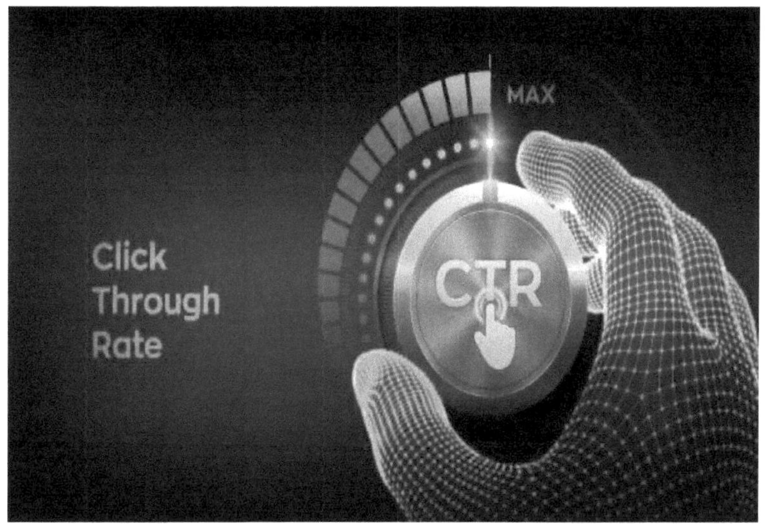

CAPÍTULO V

►MACHINE LEARNING: PARA A PREVISÃO DE CLIQUES PUBLICIDADE NA INTERNET

4.1 Introdução

Na era atual, orientada pelos dados, o marketing digital surgiu como uma força estratégica para as empresas que procuram estabelecer uma ligação com o seu público-alvo de uma forma relevante e eficaz. No entanto, para tirar o máximo partido desta poderosa ferramenta, é essencial uma compreensão profunda dos comportamentos e preferências dos consumidores. É aqui que entra a aprendizagem automática, um ramo revolucionário da inteligência artificial.

Este capítulo explora em profundidade a integração da aprendizagem automática no domínio do marketing digital, centrando-se num caso de utilização crucial: a previsão de cliques em anúncios online. Começamos por reunir as ferramentas e bibliotecas essenciais para esta tarefa, incluindo Python, Pandas, NumPy, Matplotlib e Scikit-learn. Estes recursos formam a base sólida sobre a qual iremos construir o nosso modelo de aprendizagem automática.

De seguida, vamos analisar a preparação dos dados, uma etapa crucial que determina a qualidade e a precisão do nosso modelo. Analisaremos em pormenor o conjunto de dados AVAZU, uma fonte rica de informações sobre as interações dos utilizadores com a publicidade em linha. Exploraremos técnicas de processamento de dados, como a limpeza, a segmentação e a transformação, para garantir que os nossos dados estão prontos para o treino do modelo.

Uma vez lançadas as bases, iremos ao cerne da questão, construindo e treinando o nosso modelo de aprendizagem automática. Exploraremos o processo de seleção de um algoritmo adequado, salientando a importância de escolher uma abordagem adaptada à natureza dos nossos dados e ao nosso objetivo específico.

Seguiremos então as etapas cruciais de dividir os dados em conjuntos de treino e de teste, treinar o modelo e avaliar o seu desempenho.

Por fim, analisaremos os resultados em profundidade, destacando as implicações práticas e os potenciais benefícios da integração da aprendizagem automática nas estratégias de marketing digital. Exploraremos a forma como os conhecimentos obtidos com o nosso modelo podem ser utilizados para otimizar as campanhas publicitárias, maximizar as receitas e melhorar o desempenho geral dos anúncios.

Em suma, este capítulo oferece uma perspetiva holística sobre a aplicação da aprendizagem automática no marketing digital, com ênfase num estudo de caso concreto e prático. Ao combinar conceitos teóricos com uma abordagem prática, pretendemos fornecer aos leitores uma compreensão aprofundada da forma como estes dois campos complementares se podem reforçar mutuamente, abrindo novos caminhos para estratégias de marketing mais direcionadas, eficazes e rentáveis.

4.2 Enquadrar o problema

O marketing de saída, embora útil para o conhecimento da marca, enfrenta desafios como o bloqueio de anúncios e o baixo envolvimento.

As estratégias tradicionais de marketing de saída, embora atinjam uma vasta audiência, deparam-se com uma série de obstáculos:

4.2.1 Alcance reduzido

As tecnologias de bloqueio de anúncios reduzem consideravelmente o número de utilizadores expostos a anúncios.

4.2.2 Pouco empenhamento

Mesmo quando são vistos, os anúncios muitas vezes não conseguem captar o interesse dos utilizadores, o que resulta em taxas de cliques (CTR) baixas.

4.2.3   Seleção ineficaz de alvos

O marketing de saída carece frequentemente de uma orientação precisa, o que leva a um desperdício de recursos em audiências desinteressadas.

Estas limitações prejudicam a eficácia das campanhas de marketing de saída.

4.3   A solução proposta

Este livro propõe uma solução que utiliza um modelo de regressão logística para prever os cliques dos utilizadores em anúncios.

A eficiência exige a implementação de um modelo de regressão logística para melhorar a eficácia do marketing de saída. A regressão logística é um método estatístico ideal para tarefas de classificação binária. Neste caso, o nosso objetivo é prever se um utilizador vai clicar (1) ou não (0) num anúncio.

O modelo será treinado com base em dados históricos que contêm caraterísticas do utilizador e o seu correspondente comportamento de clique. Estas caraterísticas podem incluir:

✓ Dados demográficos (idade, localização, rendimento)

✓ Comportamento de navegação (cliques anteriores, visitas a sítios Web)

✓ Interesses em linha (temas, envolvimento em redes sociais)

Ao analisar estas caraterísticas, o modelo aprende a identificar os padrões associados aos cliques dos utilizadores. Pode então prever a probabilidade de um novo utilizador clicar num anúncio específico com base no seu perfil.

4.3.1   A escolha da regressão

A escolha da regressão logística para este livro não é negligenciável. Vários factores justificam esta seleção em relação a outros modelos de classificação:

4.3.1.1   Saída binária

A regressão logística é excelente em tarefas de classificação binária, em que a variável-alvo só pode assumir dois valores (clique = 1 ou sem clique = 0). O nosso objetivo é prever a probabilidade de um clique, o que corresponde perfeitamente à capacidade da regressão logística de fornecer resultados sob a forma de probabilidades entre 0 e 1.

4.3.1.2   Interoperabilidade

A regressão logística é apreciada pela sua relativa simplicidade e facilidade de interpretação. Os coeficientes do modelo permitem-nos identificar as caraterísticas do utilizador que têm maior impacto na probabilidade de um clique. Esta compreensão dos factores-chave é crucial para otimizar as campanhas de marketing e para visar os públicos mais receptivos.

4.3.1.3   Desempenho

A regressão logística é um algoritmo robusto e eficiente, capaz de produzir resultados exactos com conjuntos de dados de dimensão razoável. A sua relativa simplicidade torna-o menos propenso à sobreaprendizagem do que os modelos mais complexos, o que é importante para garantir que as previsões podem ser generalizadas a novos utilizadores.

4.3.1.4   Recolha ética de dados

A obtenção de dados relevantes para treinar o nosso modelo de regressão logística levanta questões éticas e jurídicas cruciais. É imperativo pôr em prática métodos de recolha que respeitem a privacidade dos utilizadores e cumpram a regulamentação em vigor. Podem ser consideradas várias abordagens:

4.3.1.5   Consentimento explícito

Implementação de um sistema de "opt-in" em que os utilizadores aceitam voluntariamente partilhar os seus dados para melhorar a orientação da publicidade. Esta abordagem garante a transparência e o respeito pela escolha do utilizador.

4.3.1.6   Anonimização dos dados

Utilização de técnicas robustas de anonimização para remover toda a informação pessoal identificável antes da análise. Este método preserva a confidencialidade, ao mesmo tempo que mantém o valor estatístico dos dados.

4.3.1.7   Agregação de dados

Trabalhar com dados agregados em vez de perfis individuais. Esta abordagem reduz o risco de reidentificação, ao mesmo tempo que permite a identificação de tendências gerais.

4.3.1.8   Parcerias éticas

Trabalhar com plataformas de terceiros que já recolhem dados dos utilizadores de forma ética, garantindo que estes parceiros cumprem normas rigorosas de proteção de dados.

4.3.1.9   Transparência e controlo

Fornecer aos utilizadores uma interface clara que lhes permita visualizar os dados recolhidos a seu respeito e modificar ou apagar essas informações em qualquer altura.

Estes métodos, combinados com uma governação rigorosa dos dados e auditorias regulares, permitem obter as informações necessárias para treinar o modelo, respeitando os princípios éticos e jurídicos da proteção da privacidade. É crucial manter um equilíbrio entre a eficácia da segmentação da publicidade e o respeito pelos direitos fundamentais dos utilizadores à confidencialidade dos dados.

4.4 Montagem de ferramentas e preparação de dados

4.4.1 Montagem das ferramentas necessárias[21]

4.4.1.1 Opções de software

Neste segmento aprofundado, analisamos de perto as etapas cruciais envolvidas no desenvolvimento de um modelo de aprendizagem automática. A função deste modelo será prever a probabilidade de cliques em anúncios online. O desenvolvimento deste modelo requer um conhecimento profundo dos algoritmos e da sua aplicação prática. O Python, com a sua natureza intuitiva e sintaxe clara, está a revelar-se a linguagem de programação ideal.

O ecossistema Python, enriquecido por bibliotecas como scikit-learn, TensorFlow e PyTorch, oferece ferramentas avançadas para processamento de dados, engenharia de caraterísticas, seleção de modelos, otimização de hiperparâmetros e avaliação do desempenho. Estas bibliotecas foram concebidas para facilitar o trabalho dos cientistas de dados, permitindo-lhes modelar previsões exactas e, ao mesmo tempo, gerir eficazmente os dados grandes e complexos frequentemente associados às campanhas publicitárias.

4.4.1.2 As bibliotecas utilizadas

Em programação, uma biblioteca é uma coleção de código pré-escrito que os programadores podem utilizar para otimizar determinadas tarefas. Estes conjuntos de código reutilizável são frequentemente concebidos para resolver problemas comuns, permitindo aos programadores criar aplicações de forma mais eficiente e consistente. As bibliotecas são como kits de ferramentas com vários componentes que podem ser integrados em projectos de software, simplificando o processo de desenvolvimento e promovendo uma melhor gestão do código.

---

[21][22] Arranz M. I. (12 de março de 2024), "Data science library hub". https://github.com/imarranz/data-science-library-hub

Para efeitos deste livro, utilizaremos as seguintes bibliotecas:

4.4.1.2.1   Pandas

Pandas é uma biblioteca de software essencial para a linguagem de programação Python, especificamente concebida para satisfazer as necessidades de manipulação e análise de dados. Fornece estruturas de dados avançadas, como DataFrames e Series, que são ferramentas poderosas para gerir dados tabulares e séries temporais. Estas estruturas facilitam a realização de operações complexas sobre os dados, como a limpeza, a transformação, a agregação e a visualização. O Pandas é particularmente apreciado na comunidade de ciência de dados pela sua capacidade de trabalhar com dados de diferentes fontes e formatos.

4.4.1.2.2   NumPy

NumPy é o acrónimo de Numerical Python. No centro da sua funcionalidade estão as matrizes multidimensionais, que são colecções meticulosamente estruturadas de elementos de dados. Ao contrário das listas convencionais do Python, que podem acomodar uma mistura heterogénea de tipos de dados, as matrizes NumPy impõem uniformidade, maximizando a eficiência do armazenamento e facilitando operações simplificadas. Esta biblioteca oferece um conjunto completo de ferramentas especificamente concebidas para manipular arrays. Estas ferramentas incluem funções matemáticas, técnicas de formatação de tabelas e operações elemento a elemento.

4.4.1.2.3   MatPlotLib

A MatPlotLib foi especialmente concebida para criar uma vasta gama de visualizações de dados. Permite aos utilizadores gerar uma grande variedade de gráficos, desde simples diagramas de linhas a apresentações interactivas complexas. A Matplotlib tornou-se numa ferramenta versátil, essencial para quem deseja comunicar dados através de imagens atraentes. A sua funcionalidade vai para além da simples representação, permitindo a personalização detalhada e o melhoramento de apresentações gráficas.

4.4.1.2.4 Scikit-learn

Scikit-learn é uma biblioteca de aprendizagem automática para Python, conhecida pela sua vasta gama de algoritmos e ferramentas para extração e análise de dados. É particularmente conhecida pela sua facilidade de utilização e acessibilidade, o que a torna uma escolha ideal tanto para principiantes como para profissionais experientes em aprendizagem automática. A biblioteca inclui uma vasta gama de funcionalidades, desde o pré-processamento de dados, a validação cruzada e a seleção de caraterísticas até à implementação de vários algoritmos de aprendizagem automática, como o agrupamento, a classificação e a regressão.

4.4.1.3 Escolher o ambiente de desenvolvimento integrado

Um ambiente de desenvolvimento integrado (IDE) é uma aplicação de software que centraliza as ferramentas essenciais para o desenvolvimento de software. Um IDE combina geralmente um editor de código-fonte, ferramentas de automatização de construção e um depurador numa interface gráfica do utilizador (GUI) unificada. Esta integração facilita as tarefas do programador, fornecendo uma plataforma unificada para escrever, testar e depurar código. No nosso caso, vamos utilizar o Visual Studio Code (VSCode), um IDE altamente extensível e fácil de utilizar. No entanto, existem outras opções, como o IntelliJ IDEA, o Eclipse e o NetBeans, cada uma oferecendo caraterísticas e ferramentas únicas adaptadas a diferentes necessidades e preferências de programação.

4.4.2 Preparação de dados - AVAZU

4.4.2.1 Processamento de dados

Nesta parte do nosso capítulo, concentramo-nos na escolha crucial de um conjunto de dados para o nosso modelo de aprendizagem automática. Normalmente, esta etapa requer um esforço meticuloso de recolha de dados para reunir as informações necessárias. No entanto, no nosso caso e para acelerar o processo, vamos basear o nosso modelo em conjuntos de dados disponíveis publicamente. Este método não só poupa tempo, como também nos permite tirar partido de uma grande quantidade de dados pré-processados e estruturados, o que pode melhorar consideravelmente a robustez e a precisão do nosso modelo.

4.4.2.2   O conjunto de dados selecionado

[22]O conjunto de dados AVAZU, utilizado num concurso da Ka g gle , é uma fonte rica para a previsão da taxa de cliques (CTR), compreendendo 10 dias de dados de cliques, ordenados cronologicamente. Representa um desafio realista no domínio da previsão de cliques em anúncios devido ao seu grande volume e à complexidade real das suas caraterísticas, como o conteúdo do anúncio e os detalhes da interação do utilizador. A escolha dos dados do AVAZU para o nosso modelo de aprendizagem automática proporciona uma base sólida para o desenvolvimento de algoritmos de previsão sofisticados. A sua natureza abrangente permite-nos explorar e modelar os padrões complexos que impulsionam o envolvimento dos utilizadores com os anúncios digitais.

O conjunto de dados AVAZU contém as seguintes colunas:

✓ id: identificador do anúncio

✓ clique: cliques no anúncio com um valor booleano (0/1)

✓ hora: formato de AA-MM-JJ-HH

✓ C1: variável categórica anónima

✓ posição da faixa

✓ ID do sítio

✓ domínio_do_site

✓ categoria_do_site

✓ app_id

---

[22][23] Wang S., Cukierski W. (2014). "Previsão da taxa de cliques".
https://kaggle.com/competitions/avazu-ctr-prediction

✓ domínio_da_aplicação

✓ categoria_aplicação

✓ id_dispositivo

✓ ip_do_dispositivo

✓ modelo_do_dispositivo

✓ tipo de dispositivo

✓ tipo_de_conexão_do_dispositivo

✓ C14-C21: variáveis categóricas anónimas

4.4.2.3   Tratamento da informação

Estamos agora a iniciar uma fase crucial do nosso livro: importar as bibliotecas essenciais que servirão de base à nossa análise e modelação de dados.

importar pandas

importar numpy

importar sklearn

importar matplotlib

from matplotlib import pyplot

from sklearn import linear_model

Depois de descarregar o conjunto de dados, verificamos que tem um tamanho considerável - uns impressionantes 5 gigabytes. Isto representa um desafio prático em termos de manuseamento e processamento dos dados. Para resolver este problema, vamos começar o nosso processamento de dados dividindo-os em partes legíveis. Explorando as capacidades do Pandas, simplificaremos este processo, assegurando que cada segmento tem um tamanho suficiente para uma análise eficiente sem comprometer a integridade dos nossos dados.

Ao definir o parâmetro chunksize para 5 milhões de registos, estamos a adotar uma abordagem estratégica para dividir o conjunto de dados em partes mais fáceis de gerir, cada uma com cerca de 700 megabytes de tamanho.

```
for i,chunk in enumerate(pandas.read_csv('train.csv', chunksize=5000000)):

 chunk.to_csv('chunk{}.csv'.format(i), index=False)
```

Depois de dividirmos os nossos dados em segmentos digeríveis, concentramo-nos agora na importação do nosso ficheiro CSV. Seguir-se-á um meticuloso processo de poda, em que eliminamos quaisquer colunas supérfluas que não contribuam para a nossa análise. Este refinamento é crucial, uma vez que simplifica os nossos dados, garantindo que apenas as informações mais relevantes são retidas para o desenvolvimento do nosso modelo de aprendizagem automática.

```
data = pandas.read_csv("chunk0.csv",sep=",");

dados = dados[

["click","C1","hour","banner_pos","device_type","device_conn_type","C14","C15",
"C16","C17","C18","C19","C20","C21"]];
```

Depois de concluir a segmentação e a limpeza dos nossos dados, carregámos e dividimos os dados com êxito. Estão agora prontos para a fase de treino. Esta preparação estabelece as bases para a complexa tarefa de treinar o modelo, abrindo caminho para o desenvolvimento de um algoritmo preditivo que seja simultaneamente exato e eficiente.

4.5 Construção e análise do modelo de aprendizagem automática

4.5.1 Construir o modelo

4.5.1.1 A escolha algorítmica

Na fase inicial do nosso livro de aprendizagem automática, identificaremos um algoritmo ótimo que responda às nossas necessidades específicas. A seleção de um algoritmo adequado é essencial, uma vez que está na base da capacidade do modelo para gerar previsões precisas. Para ajudar no processo de seleção do modelo, utilizaremos o Matplotlib para construir um gráfico de dispersão, que nos permitirá examinar criticamente a distribuição dos dados:

```
pyplot.scatter(dados["C14"],dados["click"])
```

```
pyplot.xlabel = "x
```

```
pyplot.ylabel = "y
```

```
pyplot.show()
```

A execução destes comandos nalgumas das variáveis dos nossos dados apresenta os resultados abaixo:

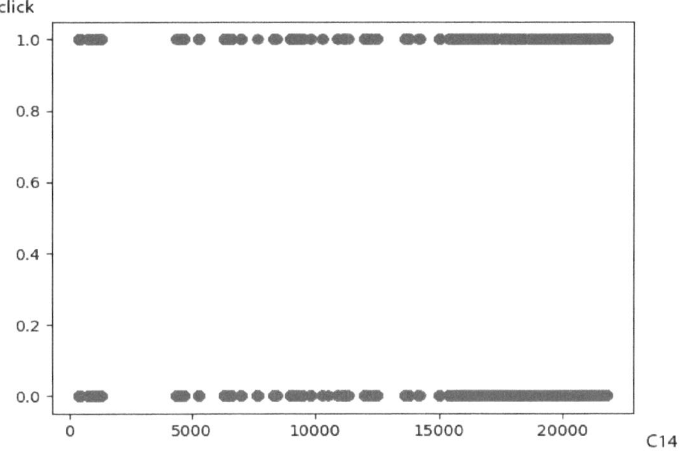

Figura 5Gráfico de dispersão dos cliques em C14

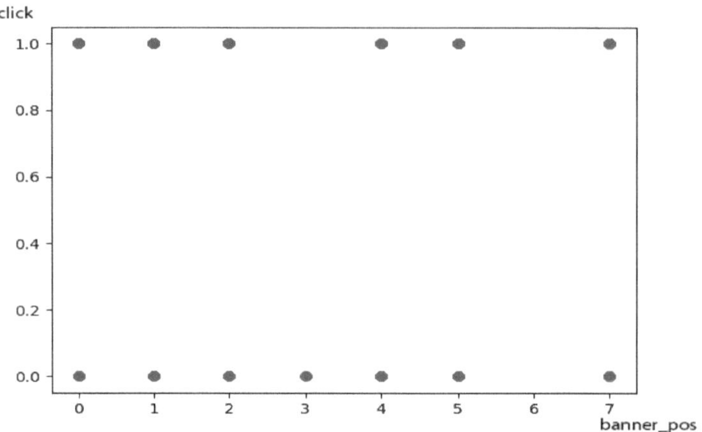

Figura 6Gráfico de dispersão dos cliques em banner_pos

Observando o gráfico de dispersão, vemos que a variável "cliques" é de natureza binária, assumindo valores de 0 ou 1. Esta dicotomia nos dados sugere que a regressão logística é o método mais adequado para o nosso modelo de previsão. A regressão logística é hábil em lidar com resultados binários e pode fornecer probabilidades de que um determinado ponto de entrada pertença a uma certa classe, que neste caso é a probabilidade de um clique ser 0 ou 1. Veja a figura abaixo para uma demonstração:

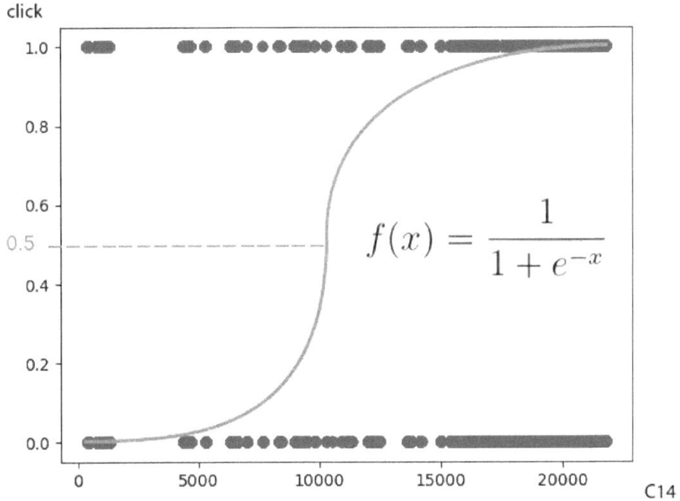

$$f(x) = \frac{1}{1 + e^{-x}}$$

Figura 7Visualização do algoritmo de regressão logística nos dados

4.5.1.2   Construir o modelo

No domínio do desenvolvimento de modelos de aprendizagem automática, é essencial uma abordagem rigorosa e estruturada da divisão dos dados. Os nossos dados são divididos em dois subconjuntos: um subconjunto de treino, que constitui a maioria, e um subconjunto de validação. O subconjunto de treino é utilizado para treinar o modelo, ensinando-o a fazer previsões a partir das caraterísticas de entrada. O subconjunto de validação, que contém a variável-alvo binária "cliques", é ocultado do modelo durante o treino. Este subconjunto é crucial para avaliar a precisão de previsão do modelo em dados desconhecidos, verificando assim a utilidade do modelo em situações da vida real. Esta partição deliberada é essencial para evitar o sobreajuste e para confirmar a fiabilidade preditiva do modelo.

Base de données

Entraînement	Test

Figura 8Separação dos dados de treino e de teste

Tendo estabelecido que a regressão logística é o método apropriado para a nossa tarefa de classificação binária, vamos agora proceder à sua implementação por codificação. O valor 0,1 designa a proporção de dados, especificamente 10%, que vamos reservar para testar o nosso modelo. Além disso, "Y" representa a variável "cliques", que é o resultado que estamos a tentar prever. É o foco do nosso modelo de regressão logística. Por outro lado, 'X' engloba todos os outros dados, servindo como um conjunto de variáveis explicativas que nos ajudarão a compreender os factores que influenciam a ocorrência de cliques:

predict = "clique

Modelo = linear_model.LogisticRegression()

X = numpy.array(data.drop([predict],axis=1))

Y = numpy.array(data[predict])

x_treino, x_teste, y_treino, y_teste = sklearn.model_selection.train_test_split(X,Y, test_size = 0,1)

E para começar a treinar o nosso modelo, vamos executar o seguinte comando:

Modelo.fit(x_treino,y_treino)

A fase de treino do nosso modelo deve ser bastante longa, sobretudo tendo em conta a grande dimensão dos dados. Isto é necessário para que o modelo aprenda a fundo. Quando o treino estiver concluído, podemos avaliar o desempenho do modelo obtendo a sua pontuação nos dados de teste utilizando o código fornecido abaixo:

acc = Modelo.score(x_ensaio, y_ensaio)

print(acc*100)

O nosso modelo atingiu uma precisão de cerca de 82%. Este é um resultado promissor que merece uma análise mais aprofundada, que será efectuada na próxima parte da nossa discussão.

4.5.2   Análise dos resultados e deduções

Determinámos que a precisão do nosso modelo é de 82%. Este nível de precisão indica que o nosso modelo de aprendizagem automática é bastante exato, validando o esforço investido no seu desenvolvimento. O facto de o modelo ter sido capaz de prever corretamente 82% dos dados de teste, que não lhe foram expostos durante a formação, sublinha a sua eficácia.

De facto, uma precisão de 82% é claramente superior a um nível de probabilidade de 50%. Esta comparação realça o poder preditivo do modelo e o valor que traz em comparação com um palpite aleatório. Este modelo pode ajudar-nos de várias formas, tais como :

4.5.2.1   Otimização de campanhas publicitárias

✓ Ao explorar as informações do nosso modelo, podemos aperfeiçoar as nossas campanhas publicitárias para nos concentrarmos nos anúncios com a maior taxa de cliques potencial.

✓ Este processo de otimização envolve a análise dos padrões e tendências que se correlacionam com o sucesso do envolvimento publicitário.

4.5.2.2   Maximizar as receitas da publicidade :

✓ A colocação estratégica de anúncios de elevado desempenho em posições-chave pode aumentar consideravelmente a visibilidade e, consequentemente, as receitas.

✓ A compreensão das métricas de envolvimento do utilizador permite-nos colocar os anúncios onde é mais provável que sejam clicados, melhorando o ROI.

4.5.2.3   Melhoria do desempenho dos anúncios:

✓ Identificar os anúncios com fraco desempenho é tão importante como reconhecer os bem sucedidos.

✓ Uma vez identificados, podemos examinar as razões do seu fraco desempenho e implementar melhorias específicas.

✓ A monitorização contínua e os ajustes baseados nos dados de desempenho garantem que os nossos anúncios permanecem relevantes e eficazes.

4.5.2.4   Dedução

Começámos esta viagem analítica delineando primeiro as ferramentas e bibliotecas essenciais para o nosso mostruário. Em seguida, selecionámos um conjunto de dados que serviria de base para o treino do nosso modelo de aprendizagem automática. Com o conjunto de dados selecionado, procedemos ao processamento e preparação dos dados, garantindo que estavam prontos para os passos seguintes. A nossa ação seguinte consistiu em selecionar um modelo adequado, adaptado às nossas necessidades específicas. Depois de finalizar esta escolha, treinámos o nosso modelo, o que resultou numa taxa de precisão louvável de 82%, reflectindo a eficácia da nossa abordagem.

Em suma, apresentámos com êxito os seguintes elementos:

✓ Selecionar o algoritmo de aprendizagem automática correto para um problema específico ;

✓ O processo de preparação e partição de dados para treino e teste ;

✓ A medição, o desempenho e a precisão do modelo de aprendizagem automática.

4.6 Conclusão

No final desta exploração aprofundada, demonstrámos o poder da integração da aprendizagem automática nas estratégias de marketing digital, especialmente na previsão de cliques em anúncios online. Este capítulo traçou cada etapa crucial deste processo, desde os fundamentos iniciais até à implementação final.

Começámos por reunir um conjunto de ferramentas e bibliotecas essenciais, como Python, Pandas, NumPy, Matplotlib e Scikit-learn, formando uma base sólida para o nosso livro. De seguida, procedemos a uma cuidadosa preparação dos dados, explorando o conjunto de dados AVAZU e aplicando técnicas de tratamento para garantir a qualidade e integridade da nossa informação.

A fase seguinte consistiu em construir e treinar o nosso modelo de aprendizagem automática. Selecionámos cuidadosamente o algoritmo de regressão logística devido à sua capacidade de lidar eficazmente com problemas de classificação binária, como a previsão de cliques. Depois de dividirmos os nossos dados em conjuntos de treino e de teste, treinámos o nosso modelo, que alcançou uma precisão notável de 82%.

Este desempenho impressionante sublinha o valor acrescentado que a aprendizagem automática pode trazer às estratégias de marketing digital. Ao aproveitar os conhecimentos obtidos com o nosso modelo, as empresas podem otimizar as suas campanhas publicitárias, maximizar as receitas e melhorar o desempenho geral dos seus anúncios. Esta abordagem oferece uma vantagem competitiva valiosa, permitindo que as marcas se liguem ao seu público-alvo de uma forma mais relevante e eficaz.

Embora este capítulo se tenha centrado num caso de utilização específico, os princípios e técnicas aqui apresentados podem ser aplicados a outras áreas do marketing digital. A aprendizagem automática oferece um vasto potencial para melhorar os sistemas de recomendação, a segmentação de clientes, a análise de sentimentos e muitos outros aspectos cruciais do panorama atual do marketing.

Em conclusão, este capítulo demonstrou de forma convincente que a integração da aprendizagem automática no marketing digital não é apenas uma oportunidade, mas uma necessidade para as empresas que pretendem manter-se competitivas num ambiente em constante mudança. Ao abraçar esta sinergia transformadora, as marcas podem aproveitar o poder dos dados e da inteligência artificial para proporcionar experiências de cliente excepcionais, impulsionar o envolvimento e, em última análise, impulsionar o crescimento e o sucesso a longo prazo.

CONCLUSÃO GERAL

Este livro explorou em profundidade a intersecção revolucionária entre o marketing digital e a aprendizagem automática, destacando as poderosas sinergias que surgem quando estas duas forças são combinadas estrategicamente. A nossa análise aprofundada traçou o desenvolvimento histórico destas disciplinas, desconstruiu as suas diferentes abordagens e destacou os respectivos pontos fortes e fracos.

Demonstramos o valor acrescentado que a aprendizagem automática pode trazer às estratégias de marketing, permitindo uma hiperpersonalização sem precedentes das interações, um envolvimento profundo dos clientes através de canais inovadores e um ajuste fino do desempenho das campanhas. No entanto, para além destes benefícios promissores, o nosso estudo destaca a importância crucial de adotar uma abordagem ponderada e diferenciada.

Embora a aprendizagem automática ofereça enormes oportunidades, também acarreta riscos potenciais, como o efeito de câmara de eco que limita a descoberta e a tendência para um ambiente em linha artificial que corrói a confiança dos consumidores. É necessário encontrar um equilíbrio entre uma utilização judiciosa desta tecnologia e a preservação de uma ligação autêntica com o seu público-alvo.

A integração ética e responsável da aprendizagem automática será essencial para manter relações duradouras entre as marcas e os consumidores. As empresas mais sensatas reconhecerão que a IA é apenas uma ferramenta que amplifica, e não substitui, a experiência humana em marketing. Aceitarão esta nuance, aproveitando o potencial revolucionário da aprendizagem automática, preservando simultaneamente a alma e a autenticidade das suas marcas.

Embora este livro se tenha centrado em alguns casos de utilização específicos, os princípios e técnicas explorados podem ser aplicados a vários aspectos do marketing digital. Ao aproveitar esta sinergia transformadora, as empresas podem tirar partido do poder dos dados e da IA para proporcionar experiências excepcionais aos clientes, aumentar o envolvimento, otimizar o desempenho e

impulsionar o crescimento sustentável, respeitando simultaneamente os valores
fundamentais da autenticidade e da confiança.

BIBLIOGRAFIA

[1] David L. P., Alan K. M. (2023), "Artificial Intelligence: Foundations of Computational Agents", "1.1 what is artificial intelligence?", 3ª edição. https://artint.info/3e/html/ArtInt3e.Ch1.S1.html

[2] David L. P., Alan K. M. (2023), "Artificial Intelligence: Foundations of Computational Agents", "1.4 Prototypical Applications", 3ª edição. https://artint.info/3e/html/ArtInt3e.Ch1.S4.html

[3] Zoe L. (16 de novembro de 2022). "IA geral vs IA estreita" https://levity.ai/blog/general-ai-vs-narrow-ai

[4] Selmer B. (12 Jul 2018), "Inteligência Artificial", "8. Filosofia da Inteligência Artificial". https://plato.stanford.edu/entries/artificial-intelligence/#StroVersWeakAI

[5] Data Camp (maio de 2023). "O que é a IA simbólica?". https://www.datacamp.com/blog/what-is-symbolic-ai

[6] Selmer B. (12 Jul 2018), "Artificial Intelligence", "4.1 Bloom in machine learning". https://plato.stanford.edu/entries/artificial-intelligence/#BlooMachLear

[7] Coursera Staff, (27 de março de 2024), "What is Machine Learning? Definição, tipos e exemplos". https://www.coursera.org/articles/what-is-machine-learning

[8] Nailman A. (24 de agosto de 2023), "The Evolution of Machine Learning: A Brief History and Timeline". https://machinelearningmodels.org/the-evolution-of-machine-learning-a-brief-history-and-timeline/

9] Anushka J. (29 de novembro de 2023), "Types Of Machine Learning" [Tipos de aprendizagem automática]. https://www.geeksforgeeks.org/types-of-machine-learning/

10] Robert J. (31 Jul 2023), "Reinforcement learning: definition and application" [Aprendizagem por reforço: definição e aplicação]. https://datascientest.com/reinforcement-learning

[11] Ngaleu A. K. (4 Jul 2022), "Deep Learning: Definição, conceitos e exemplos". https://datascientest.com/reinforcement-learning

[12] Google, (31 Jul 2023), "Neural Networks: Structure". https://developers.google.com/machine-learning/crash-course/introduction-to-neural-networks/anatomy

[13] Novak J. (16 de fevereiro de 2024), "What is digital marketing? Types, Strategies, & Best Practices". https://www.forbes.com/advisor/business/what-is-digital-marketing/

[14] Chantrel F. (28 de outubro de 2019), "o primeiro banner publicitário celebra o seu 25.º aniversário". https://www.blogdumoderateur.com/premiere-banniere-pub/

[15] Chris A. (25 de fevereiro de 2024), "12 Types Of Digital Marketing [And How They Work]". https://www.reliablesoft.net/types-of-digital-marketing/

[16] Ryan D., Russ H. (31 de julho de 2023), "Digital Marketing For Dummies", 2.ª edição, página 263.

[17] Ryan D., Russ H. (31 de julho de 2023), "Digital Marketing For Dummies", 2.ª edição, página 321.

[18] Hyup Y., (31 Jul 2023), "Hands-on data science for marketing: improve your marketing strategies with machine learning using Python and R", 1ª edição, página 71.

[19] Andrea De M., Andrea S., Andrea Ba. (24 de junho de 2022), "Aprendizagem automática e utilização da inteligência artificial no marketing: uma taxonomia geral". https://link.springer.com/article/10.1007/s43039-022-00057-w

[20] Berg A., Provins S., Silberman G., White K., (31 de maio de 2021), "artificial intelligence and echo chambers". https://www.counterterrorismgroup.com/post/artificial-intelligence-and-echo-chambers

21] Butler S. (8 de março de 2024), "What Is the Dead Internet Theory?" [O que é a teoria da Internet morta?]. https://www.howtogeek.com/what-is-the-dead-internet-theory/

[22] Arranz M. I. (12 de março de 2024), "Data science library hub". https://github.com/imarranz/data-science-library-hub

[23] Wang S., Cukierski W. (2014). "Previsão da taxa de cliques". https://kaggle.com/competitions/avazu-ctr-prediction

I want morebooks!

Buy your books fast and straightforward online - at one of world's fastest growing online book stores! Environmentally sound due to Print-on-Demand technologies.

Buy your books online at
www.morebooks.shop

Compre os seus livros mais rápido e diretamente na internet, em uma das livrarias on-line com o maior crescimento no mundo! Produção que protege o meio ambiente através das tecnologias de impressão sob demanda.

Compre os seus livros on-line em
www.morebooks.shop

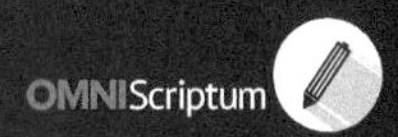

Printed by Books on Demand GmbH, Norderstedt / Germany